Adolescente, Ato Infracional e Serviço Social no Judiciário

trabalho e resistência

coleção
Temas Sociojurídicos

Dados Internacionais de Catalogação na Publicação (CIP)
(Câmara Brasileira do Livro, SP, Brasil)

Terra, Cilene
    Adolescente, ato infracional e serviço social no judiciário : trabalho e resistência
/ Cilene Terra, Fernanda Azevedo. — São Paulo : Cortez, 2018. — (Coleção temas
sociojurídicos / coordenação Maria Liduína de Oliveira e Silva, Silvia Tejadas)

    Bibliografia.
    ISBN 978-85-249-2704-1

    1. Adolescentes em conflito com a lei 2. Assistentes sociais 3. Participação
política 4. Poder judiciário - Brasil 5. Serviço social 6. Varas da Infância e Juventude
I. Azevedo, Fernanda. II. Silva, Maria Liduína de Oliveira e. III. Tejadas, Silvia.
IV. Título. V. Série.

18-20648   CDD-362.7

Índices para catálogo sistemático:
1. Adolescentes envolvidos em atos infracionais : Judiciário e o
    serviço social 362.7

Maria Paula C. Riyuzo - Bibliotecária - CRB-8/7639

Cilene Terra
Fernanda Azevedo

Adolescente, Ato Infracional e Serviço Social no Judiciário

trabalho e resistência

CORTEZ EDITORA

ADOLESCENTE, ATO INFRACIONAL E SERVIÇO SOCIAL
NO JUDICIÁRIO: trabalho e resistência
Cilene Terra e Fernanda Azevedo

Capa: de Sign Arte Visual
Preparação de originais: Jaci Dantas
Revisão: Ana Paula Luccisano
Projeto gráfico e diagramação: Linea Editora
Coordenação Editorial: Danilo Morales
Assessoria editorial: Maria Liduína de Oliveira e Silva
Editora-assistente: Priscila Flório Augusto

Direitos para esta edição
CORTEZ EDITORA
R. Monte Alegre, 1074 — Perdizes
05014-001 — São Paulo-SP
Tel.: + 55 11 3864 0111 / 3803 4800
cortez@cortezeditora.com.br
www.cortezeditora.com.br

Impresso no Brasil — novembro de 2018

Zumbis — Dinha Mota

Quando todos os meninos estiverem como insetos
nas propagandas do pesticida "que mata bem
morto e protege a sua família";
quando todos estiverem devidamente detidos,
devidamente linchados, devidamente jogados na
vala comum da nossa paralisia;
se levantará do chão — desse mesmo onde
sucessivamente as mulheres têm parido, se
multiplicando em mil para poder suprir a falta que
fizeram seus maridos, seus filhos —
desse chão se erguerá uma horda de zumbis.
E vai ser um corre-corre doido.
Eles vão comer teu cérebro.
Não haverá nenhum remédio, filósofo ou prefeito,
capaz de deter seu rolê.
E aí, nesse mundo virado, onde a flor que se
cheira não abre com medo de também ser morta (morta
bem morta)
a hora terá chegado.

E o reino de Palmares será enfim restaurado.

Às/aos Trabalhadoras(es) que deixaram seu suor nas lutas cotidianas deste Fórum, ajudando a construir o trabalho profissional.

À Equipe do Serviço Social pelo incentivo e pelo respiro para a luta.

Às/aos Adolescentes e Jovens atendidas(os) diariamente neste espaço. Vocês são parte desta resistência.

A Eunice Fávero, Elisabete Borgianni e Daniel Serra Azul, pelo carinho com a nossa produção e pelas contribuições fundamentais.

Às nossas famílias pelo suporte e amor dedicados no caminho.

Sumário

Apresentação da Coleção

A Coleção Temas Sociojurídicos se conforma na produção de um conjunto de obras articuladas que abordam diferentes temáticas inscritas na particularidade dos espaços sócio-ocupacionais, que o Serviço Social convencionou chamar de área sociojurídica, que reflete o trabalho profissional desenvolvido diretamente ou em interface com o Sistema de Justiça. Este Sistema, no geral, é composto por instituições como o Poder Judiciário, Ministério Público, Defensoria Pública, Sistema das Medidas de Proteção, Sistema de Execução das Medidas Socioeducativas, Sistema de Segurança Pública, Sistema Prisional e as redes de defesa, promoção e proteção do Sistema de Garantias de Direitos.

Almeja-se, a partir de produções individuais ou coletivas, descortinar as relações sociais de violência, de preconceito, de criminalização das expressões da questão social e as práticas conservadoras-higienistas produzidas pelas instituições do Sociojurídico, alinhadas ao arcabouço penal do Estado capitalista contemporâneo. Nessa direção, perscrutam-se fundamentos críticos, estratégias de resistência, sintonizadas com as lutas sociais e práticas pedagógicas emancipadoras que se coadunam com a liberdade, com a defesa dos direitos humanos e com o combate à desigualdade. Para tanto, propõe-se a dialética articulação teórico-prática, capaz de prospectar e repropor processos sociais cotidianos na práxis profissional.

O momento em que a Coleção é lançada é dramático. Avançam as reformas que elevam ao máximo os pressupostos liberais, ou seja, reduzem o alcance do incipiente Estado social brasileiro, alimentam o ódio em diversas dimensões da vida social, estimulando linchamentos morais e sociais, a exacerbação da prisão como medida de controle social e a intolerância para com a diferença. Nessa contextura, esta Coleção, na ótica da educação permanente, nasce para dialogar com a demanda crescente de profissionais e estudantes que atuam no Sociojurídico e buscam subsídios para compreender tais movimentos.

Espera-se que a aproximação com as obras que compõem a Coleção favoreça, entre autores e leitores, o compromisso com os sujeitos de direito que transitam entre essas instituições e estimule processos coletivos de resistência, exigibilidade e materialização de direitos.

Entre São Paulo e Porto Alegre.

Março de 2018.

Maria Lidúina de Oliveira e Silva

Silvia Tejadas

Prefácio

O livro que o leitor tem em mãos é uma condensação dos textos acadêmicos de Cilene Silvia Terra e Fernanda Caldas de Azevedo, fruto dos estudos realizados pelas autoras em suas pós-graduações na PUC-SP em anos recentes.

Além de basearem suas reflexões e pesquisas em aportes teórico-metodológicos de cariz crítico e coerente com a legislação garantista de direitos da infância e adolescência, Cilene e Fernanda carregam para o interior deste texto toda sua experiência de profissionais que atuam há anos no cotidiano de um dos espaços sócio-ocupacionais mais desafiantes da área Sociojurídica — as Varas Especiais onde correm os processos de adolescentes autores de ato infracional.

A linguagem clara e o rico resgate histórico que fazem, já no início do livro, são um convite à leitura, de um só fôlego, deste verdadeiro documento das mais sérias contradições que marcam o trabalho de Assistentes Sociais nesse cadinho obscuro da Justiça que é o processo judicial relativo a adolescentes autores de ato infracional.

Instigante é a mirada das autoras, para quem a demanda que se coloca aos que pesquisam ou trabalham na área está menos localizada na tão decantada polaridade "adolescência e violência" e mais centrada na resposta estatal/burguesa à adolescência que se torna violenta em seus marcos.

O importante ponto de partida da análise está fundado nas seminais reflexões e estudos marxistas de Eugueni Pachukanis sobre o Direito e, em alguma medida, também na chamada *crítica ontológica ao Direito*, o que garante à reflexão o desejável "pé na terra" para se tratar o Sistema de Justiça do mundo burguês da forma como ele merece: não como ápice da vitória do ser social contra a barbárie, mas como sustentáculo de uma sociedade produtora e reprodutora de desigualdades, portanto de *injustiças*.

Por essa lente crítica vão sendo submetidos à análise o Estado e o Judiciário brasileiro, assim como o Tribunal de Justiça de São Paulo e sua Vara Especializada no ato infracional do adolescente. A histórica e daninha dependência e subordinação do Poder Judiciário paulista ao Executivo aparece com clareza nas certeiras palavras das autoras.

O Serviço Social nessa seara é escrutinado a partir das sólidas bases teóricas e metodológicas legadas por Marilda Iamamoto sobre a profissão e Silvia Alapanian sobre a história da inserção dos assistentes sociais no Tribunal de Justiça de São Paulo.

Essas balizas permitem às autoras um trato instigante sobre o cotidiano vivido pelos assistentes sociais das Varas Especiais, sua relação com os juízes, promotores, defensores, psicólogos e colegas da Fundação Casa e, principalmente, com os adolescentes e suas famílias.

Ao longo de seu relato vão descortinando-se as profundas contradições de um sistema judicial e de execução de medidas socioeducativas que muito pouco tem a oferecer para o adolescente autor de ato infracional, ou, por outras palavras, consegue oferecer-lhe, no mais das vezes, a negação de seus direitos à educação, à saúde, ao crescimento pessoal, à convivência construtiva com seus familiares e de projetos de futuro.

Com relação à atuação esperada da Equipe Técnica das Varas Especiais (pelo Poder Judiciário), o que dizer sobre a absurda demanda de que os profissionais atuem somente em dois momentos: quando da entrada do adolescente no sistema e no final do período de cumprimento da medida socioeducativa? Mais absurda ainda é a exigência de que façam seu laudo a partir de apenas uma entrevista com ele e quase sem possibilidade de uma visita domiciliar ou de maiores aprofundamentos sobre a realidade de seu núcleo de apoio material e afetivo (quando existe!).

Mais do que barbarização da atuação técnica, essa realidade do cotidiano desses profissionais denota a verdadeira face *ideológica* da Justiça e do universo jurídico na sociedade burguesa. Nessa nossa sociedade, a Justiça e o universo jurídico não existem para garantir direitos, mas para, por meio dos ritos e normas judiciais, sustentar a *aparência* de um Estado Democrático de Direito, deixando na sombra as reais e brutais violações que começam lá atrás: na impossibilidade mesmo de as famílias das classes populares garantirem não só sua sobrevivência material, mas criarem, educarem e oferecerem uma vida digna às suas crianças e adolescentes.

As autoras têm absoluta consciência de quão deletéria é a fragmentação do atendimento ao adolescente autor de ato infracional. No Sistema de Justiça do qual estamos falando ele se transforma em um corpo partido que é guardado e analisado por institucionalidades que também não passam de corpos partidos. Nada parece ter coerência e continuidade nesse universo que não oferece condições ao trabalho técnico de qualidade e coerente com os objetivos de um projeto ético-político de emancipação humana.

Tudo parece ser arrancado a fórceps: da mínima condição para que as famílias possam ter contato com o adolescente, à necessária troca de experiências e estudos entre os profissionais que atuam tentando fazer valer o Estatuto da Criança e do Adolescente e a Constituição Federal.

A lógica imposta a todos nesse universo é sempre a da segurança e disciplina e nunca a da educação libertadora e da construção da personalidade em bases humanistas e solidárias. Por isso, os assistentes sociais, assim como os trabalhadores de áreas afins, precisam "enfrentar um leão por dia" para conseguirem dar pequenos passos à frente nesse campo sempre minado por burocratismos e imposições quase sempre embrutecedoras.

Nesse caldeirão de tensões e injustiças, evitar o adoecimento e as rupturas entre os próprios colegas torna-se também uma tarefa premente do cotidiano — para o que a possibilidade de estudos, debates e supervisões podem contribuir muito. Algo que as autoras reconhecem e estimulam, tendo participado da construção de valiosos espaços de debates interdisciplinares.

O livro revela, no entanto que, a despeito dessas dificílimas condições de trabalho, a equipe formada por valorosos assistentes sociais e psicólogos vem buscando construir novos e fundamentais parâmetros para o atendimento dos adolescentes que estão expostos ao Sistema de Justiça.

Com grande clareza política, a Equipe desenvolveu exitosas articulações com os profissionais que atuam nessa esfera e trabalham em outros espaços sócio-ocupacionais como Ministério Público, Defensoria Pública e outros, inclusive ocupando o espaço físico do próprio Fórum das Varas Especiais para vários encontros que permitiram não só a troca de experiências como a articulação de forças para o enfrentamento cotidiano das possíveis violações de direitos dos próprios profissionais.

Esse trabalho coerente e engajado frutificou também na produção de texto que foi premiado no III Prêmio Interdisciplinar da Associação dos Assistentes Sociais e Psicólogos do Tribunal de Justiça de São Paulo.

A clareza sobre quanto é crucial ocupar os espaços e trabalhar no interior das contradições para que se possa fazer o Sistema de Justiça atuar na garantia dos direitos e não apenas na "manutenção da ordem injusta" (característica do universo jurídico no mundo burguês) é uma marca da Equipe Técnica das Varas Especiais e serve não só de exemplo, mas principalmente de *farol*, para todos os profissionais brasileiros e latino-americanos que atuam nessa área.

Cilene Terra e Fernanda Azevedo nos brindam aqui com uma obra que, baseada em suas experiências concretas de trabalho com adolescentes e ancorada nos princípios ético-políticos de nossa profissão, inspira a todos a trabalharem para construir uma outra forma de sociedade, onde a exploração, a desumanização, o individualismo e a destruição do homem pelo homem possam um dia ser nada mais do que palavras escritas na areia, que a primeira onda de liberdade e emancipação real poderá apagar.

Elisabete Borgianni
São Paulo, outono de 2018

Introdução

O olhar sobre a temática do adolescente em conflito com a lei se coloca cheio de nuances e essas exigem no mínimo um debruçar crítico, um esforço por entender os corredores percorridos por esses(as) adolescentes no Judiciário e em suas interfaces institucionais. As últimas que, por vezes, se colocam de forma abstrata aos olhares externos, são repletas de atuações e de articulações profissionais (inclusive de Assistentes Sociais) de diversas áreas do saber. Ou seja, há vida que pulsa, há luta viva e resistente.

O desafio de produzir este livro, principalmente na atual conjuntura de retrocessos explícitos, coloca-se no desejo de tornar este universo acessível para quem não o conhece, mas assim o deseja e, junto, uma possibilidade de sistematizar informações relevantes que deem visibilidade à temática.

Partindo de nossas produções teóricas (Azevedo, 2017; Terra, 2016), convidamos o(a) leitor(a) a entrar nesse universo, somando forças no interesse pela pesquisa e, mais, no partilhamento do conhecimento daqueles que têm o seu cotidiano de trabalho permeado pelo acesso às expressões da violência sofridas pelos adolescentes da cidade de São Paulo.

O foco da produção está assentado no trabalho das(os) Assistentes Sociais no Fórum das Varas Especiais da Infância e Juventude do Tribunal de Justiça do Estado de São Paulo. Optamos por flexionar o gênero no feminino no decorrer de toda a produção tendo em vista que 80% do total da Equipe de Serviço Social do Fórum das Varas Especiais da Infância e Juventude do Tribunal de Justiça do Estado de São Paulo corresponde a esse, confirmando a tendência histórica da profissão. Esse Fórum é o único que, por meio de seis Varas Especiais, centraliza os atendimentos dos adolescentes da capital, aos quais se atribui o cometimento de ato infracional, considerando também em fase de averiguação processual, ou que aqui cumprem alguma medida socioeducativa. Parte daqui o desafio de particularizar o trabalho profissional neste espaço sócio-ocupacional.

Para alcançar a proposta, o livro está organizado em três capítulos que dialeticamente se relacionam.

Parte da contextualização macrossocial, compreendendo o limite posto a um livro, debruçando-se inicialmente sobre as bases para se pensar o Judiciário Brasileiro. Problematiza as formas assumidas pelo Direito no modo de produção capitalista, em sua relação com o Estado, enquanto elementos de uma totalidade concreta que se põe em constante movimento contraditório conformando parte das relações sociais.

A partir disso, compreende a organização e a relação entre os Três Poderes no Brasil e os enfrentamentos dados às expressões da questão social, que põem em relação o Judiciário e o Executivo na contemporaneidade, *judicializando* essas.

Essa situação tem implicado, aos profissionais da Justiça, alta demanda de trabalho e falta de condições para realizá-lo, já que lidam diretamente com o reflexo invariável da retração e, por que não, da ausência estatal no cumprimento, expansão e fortalecimento das políticas públicas universais, configurando um cotidiano de trabalho que problematiza o sentido e o significado para quem o vive.

A reconstrução teórica desse percurso permite uma aproximação às dimensões profissionais nesse espaço sócio-ocupacional.

Portanto, em continuidade, aborda a partir dos marcos temporais os fundamentos profissionais, do ponto de vista da consolidação do Serviço Social como profissão, alinhados à própria construção histórica da compreensão da infância e juventude no Brasil, que no decorrer dos tempos baliza o processo de (re)construção do próprio espaço do Judiciário paulista e, junto, o próprio trabalho das(os) Assistentes Sociais nesse espaço.

Dessa forma, observando que a complexidade da demanda atendida nesse Fórum — adolescência e violência — possui relação direta com os aspectos históricos, econômicos, sociais e culturais, aproxima-se do "retrato" dos adolescentes em conflito com a lei.

Para tanto, baseia-se em estatísticas nacionais, da própria Seção de Distribuição e do Serviço Social do Fórum das Varas Especiais da Infância e Juventude, assim como da Fundação Centro de Atendimento Socioeducativo ao Adolescente. Os dados observados transitam entre educação, trabalho, território, e, entre outros, quantidade e tipos de atos infracionais, estabelecendo a relação entre esses.

Às estatísticas, que correspondem às vidas, somam-se as respostas apresentadas pelo Poder Judiciário que por vezes se mostram descontextualizadas política e socialmente e, em última instância, acabam por julgar os adolescentes e suas famílias pela incapacidade de superar as adversidades de sua vida cotidiana, corrompendo-se aos apelos da ilicitude.

Nesse aspecto, coloca-se a relevância de se particularizar o trabalho profissional nesse Fórum, refletindo sobre os processos de trabalho das(os) Assistentes Sociais e as interfaces institucionais que (quando não representam uma releitura histórica e conservadora do que foi o Serviço Social no Judiciário) podem garantir direitos em um espaço institucional marcado pelo controle social típico da sua natureza coercitiva.

Dessa forma, em um cenário de desproteção social, criminalização e punição, a(o) Assistente Social do Judiciário, não diferente do conjunto da categoria profissional, atua em meio a dilemas que exigem resistências, principalmente por se tratar esse Fórum de um espaço que, segundo o imaginário social, "defende os indefensáveis".

A despeito do cenário institucional complexo, contraditório e hierarquizado existe um importante movimento da Equipe Técnica do Judiciário para imprimir outra direção ao trabalho profissional, fortalecendo o compromisso ético e agregando novas atividades que podem ultrapassar as requisições formais da instituição. Tratam-se, de forma geral, de atividades com relação direta ao atendimento processual, de atividades internas não diretamente relacionadas ao trâmite processual e de atividades de qualificação profissional.

Essas ações foram agregadas ao trabalho cotidiano como forma de qualificá-lo, transpondo o engessamento institucional, ampliando as possibilidades de garantia de direitos da população atendida.

E este livro é um convite a conhecê-las!

Capítulo 1

Bases para se pensar o Judiciário brasileiro

1.1 Estado e Sistema Judiciário no capitalismo

Considera-se que o Direito é constituído dentro do jogo de forças das classes sociais. As normas refletem as relações econômicas e sociais de cada sociedade, as quais são introduzidas e mantidas pelo poder do Estado e das classes dominantes para sancionar, regular e consolidar essas relações e, consequentemente, o seu domínio. Aqui se coloca um convite para se desvendar as forças sociais que reafirmam a existência do Direito.

O Direito surge como mediação social e como um complexo autônomo no momento em que a regulamentação dos conflitos sociais não é mais possível sem um estrato de especialistas que se encontre, pelo menos aparentemente, acima das classes sociais e da sociedade. (Sartori, 2010) Em uma democracia burguesa, a consciência social, a partir de termos jurídicos, declara que todos são iguais diante da lei. E essa "igualdade jurídica" se distancia do homem ao refletir sobre suas relações de produção, espaço no qual o Direito se coloca como um dos aparatos de manutenção da contradição típica da sociedade capitalista, servindo aos interesses do capital, ou seja, à lógica burguesa. Na contramão do que foi exposto, Hegel fantasia um Estado capaz de universalizar a humanidade, equiparando-o à "realidade da ideia moral", à "imagem e a realidade da razão", "à materialização do interesse geral da sociedade e o responsável pela sua universalização" (Colmán, 2004, p. 49), transformando-o em uma esfera ética e moral que se sobrepõe à sociedade civil.

Em 1843, Marx se aproxima de forma mais crítica em relação a Hegel e desenvolve a ideia de que a sociedade civil se expressa no Estado e identifica uma classe com *grilhões radicais,* a partir da "dissolução de todos os estamentos, de uma esfera que possua um caráter universal mediante os seus sofrimentos universais e que não reivindique nenhum direito particular [...]" (Marx, 2010, p. 156).

Entre 1844 e 1847, Marx desenvolvia uma crítica prioritariamente filosófica da sociedade, baseada na propriedade privada, compreendendo que o

> direito real, vigente, era uma forma de alienação que abstraía o sujeito jurídico e os deveres e direitos legais dos seres humanos concretos e das realidades sociais, proclamando uma igualdade jurídica e política formal, ao mesmo tempo em que tolerava, e na verdade encorajava, a servidão econômica, religiosa e social (...) (Bottomore, 2001, p. 109).

Após elaborar a sua concepção materialista de história, Marx, a partir de 1845, desenvolveu a tese de que o Direito era parte da superestrutura, portanto, as forças sociais produtivas e as relações de produção, que são a base econômica do desenvolvimento da sociedade, o produz. Não contradizendo as explanações anteriores, em sua produção teórica da maturidade, Marx avança na ideia de que o Direito é uma forma de dominação de classe, com mandamentos reafirmados pelo Estado, permitindo-nos pensar que uma sociedade verdadeiramente humana não apontará a necessidade do Direito como força externa coercitiva que serve para constranger o indivíduo, tendo em vista que considerará "de cada um segundo suas capacidades, a cada um segundo suas necessidades!" (Marx, 2012, p. 31).

Por sua vez, Pachukanis compreendia o Direito como algo comercial, atingindo seu ápice na sociedade burguesa. Para ele, o Direito baseia-se na individualidade representada, na igualdade e na equivalência abstratas das partes legais. Tal visão sustenta a impossibilidade de construção de um Direito proletário. Por perceber uma estreita relação entre a forma jurídica e a forma mercadoria, Pachukanis pleiteava o desenvolvimento de uma Teoria Geral do Direito, a partir de Marx, defendendo a extinção da forma jurídica.

> Marx nos mostra a condição fundamental, enraizada na estrutura econômica da própria sociedade, da existência da forma jurídica, isto é, da unificação dos diferentes rendimentos do trabalho, segundo o princípio da troca de equivalentes. Ele descobre, assim, o profundo vínculo interno existente entre a forma jurídica e a forma mercantil. Uma sociedade que é constrangida, pelo estado de suas forças produtivas, a manter uma relação de equivalência entre o dispêndio de trabalho e a remuneração, sob uma forma que lembra, mesmo de longe, a troca de valores-mercadorias, será constrangida, igualmente, a manter a forma jurídica. Somente partindo desse momento fundamental é que se pode compreender por que toda uma série de outras relações sociais reveste a forma jurídica. (Pachukanis, 1989, p. 28)

Pachukanis, dentre vários aspectos, critica os estudos sobre Direito assentados na excessiva valorização do aspecto coercitivo do Estado, ponderando que os princípios formais e da subjetividade jurídica — liberdade e igualdade — não são apenas produto da hipocrisia burguesa, mas são princípios incorporados a essa sociedade desde o seu surgimento (Colmán, 2004). Ou seja, o Direito, "(...) não existe somente no cérebro e nas teorias dos juristas especializados; ele tem uma história real, que não se desenvolve como um sistema conceitual, mas como um particular sistema de relações" (Pachukanis, 1989, p. 30) de produção e reprodução social que se estabelecem através de contratos jurídicos privados, enquanto mediação jurídica, exigindo o desenvolvimento de aparatos jurídicos.

Nessa relação, Pachukanis salienta que o Poder do Estado "confere clareza e estabilidade à estrutura jurídica, mas não cria as premissas, as quais se enraízam nas relações materiais, isto é, nas relações de produção" (Pachukanis, 1989, p. 108). Assim, a fonte dos direitos individuais está na "livre" relação do sujeito e seus bens com o mercado. E esse paralelo fica claro ao se considerar que a força de trabalho, no modo de produção capitalista, se coloca "livre" no mercado, enquanto trabalhador(a) assalariado(a), relação mediada por um contrato jurídico que é o contrato de trabalho. E, nesse, sujeitos e mercadorias se "confundem".

> A vida social desintegra-se simultaneamente, por um lado, numa totalidade de relações coisificadas, (...) relações onde os homens não têm outra significação que não seja a de coisas. E, por outro lado, numa totalidade de relações onde o homem se determina tão só quando é oposto a uma coisa, isto é, onde é definido como sujeito. Tal é precisamente a relação jurídica (...). (Pachukanis, 1989, p. 137)

Para além de um Estado nascido numa sociedade de classes que representa, por meio dos instrumentos de dominação política e seus aparelhos coercitivos, os interesses da classe economicamente dominante, Pachukanis define o Direito como uma relação social, de troca de mercadorias, com interesses sempre privados, permeada pela forma jurídica que se expande para as demais formas sociais. "O fetichismo jurídico é o mesmo fetichismo da mercadoria [...] e o Direito tem papel secundário na execução dessa função pelo Estado". (Colmán, 2004, p. 72)

Esse movimento consolida uma ordem de submissão entre as classes e distancia a possibilidade de procedimentos participativos, voluntários e informais. Segundo Colmán (2004), os mecanismos democráticos são próprios do Estado democrático burguês, não apresentando alternativas à manutenção do sistema capitalista e, sim, atuando como instrumento de legitimação da ordem burguesa. A alternativa estaria na construção do Estado Social, no qual interesses individuais e interesse social não colidam. Gruppi (1996, p. 35) aponta que, nesse processo, quando as diferenças entre as classes tiverem desaparecido, "o poder público perderá seu caráter político, isto é, não será mais uma dominação sobre os homens (...)" (Gruppi, 1996, p. 35), desaparecendo a razão para a existência do Estado.

Todos esses elementos abordados apontam que o vínculo entre Estado e Direito é uma relação de interdependência, na qual o primeiro utiliza o segundo como instrumento de sua ação política, sendo ao mesmo tempo regulado por ele. Ou seja, o Direito compreende "o conjunto de normas de conduta e de organização, constituindo uma unidade, e tendo por conteúdo a regulamentação das relações para a convivência e sobrevivência do grupo social" (Bobbio, 1997, p. 349).

Dando forma a esse tipo de Direito, no Brasil, as Constituições de 1891 (a primeira da República), 1934 (que incluiu o direito de voto para as mulheres), 1927, 1946, 1967 e a de 1969 pautaram-se em um constituciona-lismo de base não democrática, servindo apenas ao legalismo formal, sendo expressão da elite dominante brasileira. A dicotomia entre a realidade e a legislação brasileira é um produto dessa história, que nem mesmo a última Constituição, a de 1988, conseguiu superar, mantendo-se muitas limitações (Alapanian, 2008, p. 116). A Constituição, garantida pelo Estado, é "a própria estrutura de uma comunidade política organizada, a ordem necessária que deriva da designação de um poder soberano e dos órgãos que o exercem" (Bobbio, 1997, p. 247).

Dessa forma, segundo Alapanian (2008), o constitucionalismo ca-racteriza-se por três aspectos. Por uma Constituição escrita, com normas jurídicas que guardam um arranjo lógico e concatenado que regulam o funcionamento do Estado (*Poder Executivo*), os limites do seu poder e os direitos dos cidadãos, tendo o povo eleito os seus representantes. Ainda pela pouca elasticidade, ou seja, as normas constitucionais não podem ser alteradas ou modificadas facilmente pela vontade do legislador, sendo su-periores a todas as demais legislações. E, por fim, pela existência do *Poder Judiciário*, que atua para dirimir os conflitos entre os organismos do Estado e trata de garantir que as leis (*Poder Legislativo*) tenham correspondência com as normas fundamentais.

1.2 Organização dos Poderes na sociedade brasileira

Os Poderes Legislativo, Executivo e Judiciário, juntos, conformam os Poderes da República do Brasil.

O primeiro, o Legislativo, tem a tarefa de legislar — atos normativos, que instituem direitos e criam obrigações (Mendes e Branco, 2015) e de fiscalizar, que é uma função típica do regime republicano, na qual o povo, titular da soberania, busca saber como os seus mandatários gerem a riqueza do País. Essa fiscalização se faz também pelos representantes eleitos, integrantes do parlamento (Mendes e Branco, 2015). Pode, ainda, atipicamente, exercer funções de administração e de julgamento. Opera por meio do Congresso Nacional pelas Câmaras dos Deputados e do Senado Federal.

Quanto ao segundo, o Executivo, Mendes e Branco (2015, p. 935) apontam que "tem significado variado. Nele se confundem o Poder e o governo". O Poder está posto, na Constituição Federal de 1988, em seu artigo 2º, e o governo, em seu artigo 76. A partir disso, salienta-se que é próprio da nossa construção histórica a política brasileira de hiperpotencializar o Executivo, centrado na figura do Presidente da República.

Entre as funções do Executivo estão a iniciativa de projetos de lei e a edição de medidas provisórias, a expedição de regulamentos para execução das leis (Constituição Federal, artigo 84), a iniciativa quanto ao planejamento e controle orçamentários, bem como sobre o controle de despesas (artigos 163 a 169). Assim, as funções do Executivo ultrapassam a mera execução da lei, abrangendo funções de governo e de administração. As eleições populares e diretas para a chefia do Poder Executivo, como ocorre no Brasil (governo presidencialista), conferem a esse Poder a legitimidade democrática necessária ao exercício das diversas tarefas incumbidas, sendo indiscutível que suas atribuições deverão ser harmonizadas com os demais Poderes, ainda que, na prática, ocorram atritos.

Já o terceiro Poder, o Judiciário, é descrito, a partir da Constituição Federal de 1988, como um dos três Poderes da União, devendo manter independência e harmonia com os demais Poderes, quais sejam, o Legislativo e o Executivo. Segundo Mendes e Branco (2015), a Constituição Federal de 1988 confiou ao Poder Judiciário autonomia institucional, administrativa e financeira. A ampliação dos mecanismos de proteção tem influenciado a concepção de um modelo de organização do Poder Judiciário incumbido de exercer o último controle das atividades estatais, por ato da Administração ou do próprio Poder Legislativo (controle da constitucionalidade). Daí, também, a importância da independência do Poder Judiciário e do próprio juiz em relação aos demais poderes ou influências externas.

São órgãos do Poder Judiciário: o Supremo Tribunal Federal, o Superior Tribunal de Justiça, o Tribunal Superior do Trabalho e a Justiça do Trabalho, o Tribunal Superior Eleitoral e a Justiça Eleitoral, o Supremo Tribunal Militar e a Justiça Militar, os Tribunais Regionais Federais, os juízes federais, os Tribunais de Justiça estaduais, os juízes estaduais e a Justiça Militar estadual, que concorrem para reter os Poderes Legislativo e Executivo, a partir da provocação externa, movimentando o Judiciário. (Mendes e Branco, 2015)

Como suporte ao Judiciário, mas não pertencentes à sua estrutura, estão o Ministério Público e a Defensoria Pública, instituições fundamentais que também fazem interface com o Judiciário e são empregadoras de Assistentes Sociais.

Segundo Mendes e Branco (2015, p. 1029), "o Ministério Público na Constituição de 1988 recebeu uma conformação inédita e poderes alargados". Passa a ser designado como uma instituição do Sistema de Justiça guardiã do Estado Democrático de Direito, definido, em seu artigo 127, como instituição permanente, essencial à função jurisdicional do Estado, incumbido da defesa da ordem jurídica, do regime democrático e dos interesses sociais e individuais indisponíveis (CFESS, 2014). Nos termos do artigo 128 da Constituição Federal, o Ministério Público abrange o Ministério Público da União e os Ministérios Públicos dos Estados. Os segundos devem ser organizados e mantidos por cada Estado-membro e atuam perante o Judiciário local.

Abordando a última instituição, a Defensoria Pública não apenas recebeu a missão de defender os "hipossuficientes" (Constituição Federal/1988, artigo 5º) em todos os graus de jurisdição, como também lhe foi assinalada a tarefa de orientar essa mesma população nos seus problemas jurídicos e na defesa dos seus direitos (CFESS, 2014). O artigo 134 da Constituição Federal define a Defensoria Pública como instituição essencial à função jurisdicional do Estado. A Emenda Constitucional n. 80, de 4 de junho de 2014, declarou que a Defensoria Pública é instituição permanente, cogitando ainda atribuir-lhe a promoção dos direitos humanos e de defesa de direitos individuais e coletivos, de forma integral e gratuita.

O que fica posto é que o Sistema de Justiça é formado por diversas organizações criadas para operacionalizar o Direito, funcionando na sociedade como elemento de controle social, absorvendo tensões, limitando conflitos, evitando a sua generalização e propondo-se a reduzir as incertezas do poder político (Faria, 1997). Segundo Alapanian (2008), é possível dizer que a força política do Judiciário, ou seja, o poder do Poder Judiciário, nas sociedades contemporâneas, é resultado da possibilidade e capacidade que lhe são dados de garantir que a Constituição seja aplicada no que tange aos atos dos demais Poderes — o Legislativo e o Executivo. A evolução dos organismos de aplicação das leis atinge no "Estado moderno o seu momento de maior sofisticação, chegando a se constituir em poder de Estado e ganhando atribuições fundamentais na estruturação do Estado de Direito" (Alapanian, 2008, p. 87-88).

Como operacionalizador do Direito Positivo[1], o Judiciário é impregnado das expressões que fazem do Direito um pilar da sociedade capitalista, com

---

1. Aponta Bobbio (1997, p. 7-8): "o jusnaturalismo e o positivismo jurídico são, portanto, dois modos distintos de considerar o fenômeno jurídico que não se excluem necessariamente; duas abordagens que representam duas posições ou perspectivas possíveis diante do direito, ambas legítimas e necessárias, entre outras coisas porque as duas são unilaterais. O jusnaturalismo representa a tomada de posição diante do direito existente, uma tomada de posição que pressupõe um critério de avaliação — a lei natural contraposta à lei positiva — e leva ou a uma aprovação, caso em que se tenderá a querer conservar o direito que existe — jusnaturalismo conservador —,

habilidade de despolitizar os conflitos e as relações de classe, por conseguinte, levando o engajamento na manutenção da ordem vigente. Assim, Alapanian (2008) defende que há uma crise do Poder Judiciário no Brasil, agravada pela condição de país periférico e dependente, obedecendo à mesma crise do Judiciário nos demais países, exigindo respostas claramente repressivas e comprometidas com a manutenção da ordem, implicando o aprofundamento das tensões sociais e a negação dos direitos individuais, políticos e sociais da população em geral.

Não à toa data da década de 2000 o início de apontamentos da ineficiência da Justiça pela falta de gestão nesse espaço. A Reforma do Judiciário brasileiro ocorreu por meio da Emenda Constitucional n. 45/2004 (Brasil, 2004), e, em 2005, criou-se o Conselho Nacional de Justiça (CNJ), que é uma instituição pública com modelo de gestão voltada para o planejamento estratégico, trazendo como missão contribuir para que a prestação jurisdicional seja realizada com moralidade, eficiência e efetividade, em benefício da sociedade. Termos também utilizados pelo espaço privado. Tem a tarefa de, em âmbito nacional, lançar diretrizes, elaborar instrumentos e operar o sistema de mensuração de desempenho do Poder Judiciário brasileiro.

Esse abriu uma série de pesquisas e levantamentos de dados estatísticos para justificar as alterações sugeridas ao Judiciário. Segundo o Atlas de Acesso à Justiça, organizado pelo Ministério da Justiça, há no Brasil 17 mil magistrados, 12,5 mil integrantes do Ministério Público, 774 mil advogados, 725 mil estudantes de Direito, 700 mil servidores do Judiciário e apenas seis mil defensores públicos. Esse contingente não dá vazão à demanda por falta de gestão (Ministério da Justiça aponta..., 2014).

O CNJ passa, assim, a aplicar métodos de gestão adotados pelos Tribunais de Justiça de todo o país, com fiscalização das metas individuais, que traduzem

---

ou a uma condenação, hipótese em que se desejará reformá-lo — jusnaturalismo reformista. Já o positivismo jurídico representa a constatação e a verificação histórica de que um certo direito existe, com tais características; não se preocupa em mudá-lo". O Positivismo Jurídico é uma visão de direito advinda do abandono das ideias jusnaturalistas pela burguesia. (Pereira, 2015).

o compromisso com a celeridade junto à sociedade, porém restrito pelas próprias condições de trabalho nos Fóruns, apontando que produtividade e celeridade não necessariamente garantem qualidade. Essas metas, travestidas de compromissos de uma melhora do Judiciário, refletirão diretamente no trabalho das(os) Assistentes Sociais do Tribunal de Justiça. Wandelli (2015, p. 64-65) aponta que esses são meios que traduzem um Judiciário "controlável, previsível, que julga de forma industrial grandes volumes de demandas, de maneira rápida e barata, com o fim único, e não explícito, de otimização do mercado" em contraposição aos verdadeiros anseios sociais.

Baseia-se, assim, nas respostas mínimas às contradições sociais levando os sujeitos a acreditarem que vivem "problemas individuais", quando esses, na verdade, são reflexo das relações sociais estabelecidas, gerando, entre outros aspectos, a despolitização de classe e a judicialização das expressões da questão social[2]. Tal perspectiva reducionista é incompatível com o compromisso da categoria profissional.

1.3 Dimensões profissionais: aproximações entre o Serviço Social e o Judiciário

Para compreender a atividade profissional realizada por assistentes sociais como trabalho, torna-se necessário considerar as relações que moldam a sociabilidade capitalista em diversas épocas históricas de onde advêm as expressões da questão social sob as quais a(o) Assistente Social atua.

---

2. Aqui entendida como "indissociável da sociabilidade capitalista fundada na exploração do trabalho, que a reproduz ampliadamente. Ela envolve uma arena de lutas políticas e culturais contra as desigualdades socialmente produzidas. Suas expressões condensam múltiplas desigualdades, mediadas por disparidades nas relações de gênero, características étnico-raciais e formações regionais, colocando em causa amplos segmentos da sociedade civil no acesso aos bens da civilização. Dispondo de uma dimensão estrutural — enraizada na produção social contraposta à apropriação privada do trabalho —, a 'questão social' atinge visceralmente a vida dos sujeitos [...]" (Iamamoto, 2008, p. 119).

Essa compreensão permite relacionar o trabalho da(o) Assistente Social com as relações sociais, situando a prática profissional como especialização do trabalho por meio do qual o homem se afirma como criador e, ao mesmo tempo, se autotransforma. Esse ato de criar, que é o trabalho em si, envolve "uma dimensão de conhecimento e ético-moral" (Iamamoto, 2005, p. 61) que tem a ver com valores, com o dever ser, com atividade direcionada a fins. Essas dimensões aparecem tanto na construção dos projetos coletivos quanto individuais e dizem respeito às respostas elaboradas no nível da consciência (não necessariamente crítica e reflexiva) diante da realidade apresentada, vivida, compreendida e significada pelos sujeitos.

Dentre os projetos coletivos situam-se os societários e os profissionais. Os primeiros, segundo Netto (2009), são aqueles que apresentam uma imagem de sociedade a ser construída, que reclamam determinados valores para justificá-la e que privilegiam certos meios (materiais e culturais) para concretizá-la. Assim, existem projetos societários — conservadores e emancipatórios — em disputa pelo alcance da hegemonia (Braz, 2001), o que se traduz em poder político de condução da sociedade. Já os projetos profissionais são aqueles que versam sobre determinada projeção para uma profissão, são em menor escala também coletivos, porque respondem às demandas postas pelos projetos societários. Esse movimento também pode levar, segundo Netto (2009, p. 97), a situações "que, em conjunturas precisas, o projeto societário hegemônico seja contestado por projetos profissionais que conquistem hegemonia em suas respectivas categorias". Enquanto projeto, direciona a ação cotidiana desses profissionais que, por sua vez, construirão e reconstruirão tal projeto em sua práxis profissional (Cardoso, 2013, p. 79).

Assim, os projetos coletivos projetam também os aspectos dos projetos pessoais que constituem os projetos individuais. Por esse caminho é importante considerar que, quando se refere aos projetos individuais, não trata da projeção individual e sim, se refere

à projeção de um determinado grupo, uma determinada coletividade [...] projeções sobre um dever ser coletivo [...] a partir dos interesses e necessidades de determinado grupo social, diante das respostas que se deve dar à realidade (Cardoso, 2013, p. 76).

Tais projetos "remetem-se ao gênero humano, uma vez que, como projeções sócio-históricas particulares, vinculam-se aos interesses universais presentes no movimento da sociedade". (Braz, 2001, p. 385)

O atual projeto profissional da categoria das(os) Assistentes Sociais choca-se com o projeto societário vigente, posto que esse reafirma o conservadorismo, e aquele se posiciona em favor da equidade e da justiça social, na perspectiva da universalização do acesso aos bens e serviços relativos aos programas e políticas sociais. A ampliação e a consolidação da cidadania são postas explicitamente como condições para a garantia dos direitos civis, políticos e sociais das classes trabalhadoras. (Netto, 2009)

Nesse contexto, o trabalho da(o) Assistente Social, polarizado por interesses de classes, participa pelas mesmas atividades tanto do processo social, reproduzindo as contradições que conformam a sociedade do capital, quanto é mobilizado para reforçar as condições de dominação. Como duas faces de uma mesma moeda. A existência e a compreensão desse movimento abrem a possibilidade para a(o) Assistente Social colocar-se a serviço de um projeto de classe alternativo àquele para o qual é chamada(o) a intervir nessa sociedade (Almeida e Alencar, 2011). Com isso, a partir do compromisso com a classe trabalhadora, da qual a(o) própria(o) Assistente Social faz parte, sendo trabalhadora(or) assalariada(o), visa colaborar na construção de outro projeto societário. Assim, o esforço em considerar a atividade profissional como trabalho[3], a partir da elaboração teórica de Iamamoto, exige também a compreensão das transformações do mundo do trabalho ligadas à lógica expansionista do capital.

De forma a abarcar essas transformações, a autora traz uma ampliação do conceito de trabalho, apontando que "o trabalho é atividade própria ao

---

3. Alguns autores discordam desse posicionamento teórico. Consultar Lessa (1999), Netto e Braz (2007) e Netto (2001).

ser humano, seja ela material, intelectual ou artística. É por meio do trabalho que o homem (...) dá respostas prático-conscientes aos seus carecimentos". (Iamamoto, 2005, p. 60) Iamamoto e Carvalho (2004, p. 86) reafirmam que apesar da profissão ser caracterizada, em geral, como um trabalho improdutivo[4], participa, ao lado de outras profissões, "da tarefa de implementação de condições necessárias ao processo de reprodução no seu conjunto, integrada à divisão social e técnica do trabalho".

A fim de traçar uma analogia com o trabalho na contemporaneidade, Iamamoto (2011), partindo de Marx (2004) — que aponta que são cada vez em maior número as funções da capacidade de trabalho incluídas no conceito imediato de trabalho produtivo, diretamente explorado pelo capital e subordinados em geral ao seu processo de valorização e de produção —, aborda a ampliação da concepção do trabalhador coletivo[5], comportando os trabalhadores produtivos e improdutivos, assalariados das empresas privadas e funcionários públicos. Trata-se de um processo cooperado, combinado e coletivo, independente da materialidade do produto ao fim do processo produtivo.

Portanto, reconhecer a atividade da(o) Assistente Social como trabalho ainda requer compreendê-la como atividade historicamente criada que faz parte dos mecanismos inscritos nos processos de trabalho coletivos. Esses visam assegurar a produção e/ou distribuição de mais-valia num espaço determinado de atividades assalariadas organizadas a partir das racionalidades que tipificam o trabalho na sociedade capitalista. Essas tipificações possuem dimensões político-ideológicas e um estatuto socioinstitucional

---

4. Para o alcance do conceito trabalho produtivo/improdutivo, sugere-se a leitura, entre outras obras, de: MARX, Karl. Capítulo VI: Inédito de O capital [1818-1883]. São Paulo: Centauro, 2004. E, ainda, MARX, Karl. O Capital: crítica da economia política. Livro I. São Paulo: Boitempo, 2013.

5. Segundo Netto e Braz (2007, p. 34), "o trabalho é, sempre, atividade coletiva, seu sujeito nunca é um sujeito isolado, mas sempre se insere num conjunto (maior ou menor, mais ou menos estruturado) de outros sujeitos [...] o caráter coletivo do trabalho não se deve a um gregarismo que tenha raízes naturais, mas antes expressa um tipo específico de vinculação entre membros de uma espécie que já não obedece a puros determinismos orgânico-naturais. Esse caráter coletivo da atividade do trabalho é, substantivamente, aquilo que se denominará de social".

relacionado diretamente com as determinações peculiares do mundo do trabalho (Almeida e Alencar, 2011).

Assim, Iamamoto (2005) aponta, a partir de Marx, os processos de trabalho nos quais se inserem assistentes sociais, traçando um paralelo com os elementos que constituem o trabalho. Sinaliza que o processo de trabalho implica uma matéria-prima ou um objeto sobre o qual incide a ação do trabalhador. No caso da(o) Assistente Social, a matéria-prima se coloca sobre as expressões da questão social que provocam a necessidade da ação profissional.

Para alcançar a particularidade dessas expressões, a(o) Assistente Social deve conhecer a realidade concreta, ou seja, os processos sociais de produção e reprodução das relações sociais e como esses são vivenciados pelos sujeitos. Essa é uma condição para o trabalho profissional, pois é nessa realidade que se colocam os projetos individuais e coletivos e as expressões da questão social sobre a qual irá atuar.

Além desse elemento, o processo de trabalho implica meios ou instrumentos de trabalho que potencializam o próprio trabalho. Iamamoto (2005, p. 62) ressalta que "a noção estrita de instrumento como mero conjunto de técnicas se amplia para abranger o conhecimento como um meio de trabalho". Nessa perspectiva, os conhecimentos e as habilidades profissionais também são parte dos meios de trabalho da(o) Assistente Social.

A autora ainda aborda que, apesar de o Serviço Social ser uma profissão reconhecida como liberal, a(o) Assistente Social não detém todos os meios necessários para a efetivação do seu trabalho, pois, se assim fosse, venderia os serviços ou produtos de seu trabalho e não a sua capacidade de trabalho para o empregador, como acontece. Ou seja, a(o) Assistente Social, compreendida(o) como trabalhadora(r) "livre", proprietária(o) da sua força de trabalho, insere-se no mercado de trabalho como profissional assalariada(o) em uma relação de compra e venda da sua força de trabalho. Os recursos materiais, financeiros e organizacionais necessários ao seu trabalho são fornecidos pelas entidades empregadoras da sua força de trabalho, moldando a "autonomia relativa" profissional.

A partir disso, "a instituição não é um condicionante a mais do trabalho do Assistente Social. Ela organiza o processo de trabalho do qual ele participa". (Iamamoto, 2005, p. 63) Com isso, torna-se relevante ao falar do trabalho da(o) Assistente Social particularizar o espaço institucional no qual essa(e) se vincula. Atentando também para o fato de que essa instituição realiza uma série de interfaces institucionais por meio dos seus trabalhadores.

Então, considerando que a(o) Assistente Social faz parte do trabalhador coletivo, que em sua totalidade configura um trabalho combinado, "sua inserção na esfera do trabalho é parte de um conjunto de especialidades que são acionadas conjuntamente para a realização dos fins das instituições empregadoras". (Iamamoto, 2005, p. 64) Assim, compreendendo que a força de trabalho em ação só se concretiza quando possui os meios para tanto, coloca-se o último aspecto que constitui o processo de trabalho: o próprio trabalho.

Iamamoto (2005, p. 66), a partir dos estudos da tradição marxista, aborda o trabalho sob dois ângulos indissociáveis. O trabalho concreto, com as características materiais particulares que "o tornam um trabalho útil e moldam as formas particulares assumidas pelos componentes presentes em qualquer processo de trabalho: os meios ou instrumentos, a matéria-prima e a própria atividade"; e, ao mesmo tempo, esses elementos podem ser abordados a partir da quantidade de trabalho socialmente necessário que se materializa independente da forma útil que assumem, destacando os valores que se expressam na troca de mercadorias equivalentes, medidos pelo tempo. (Marx, 2001)

Conforme Iamamoto (2011, p. 62), o segundo ângulo do trabalho está na natureza que serve à satisfação das necessidades humanas "e se torna social sob a forma de trabalho abstrato, uma partícula da massa homogênea e impessoal". A partir disso, Iamamoto (2009) pontua que, do ponto de vista da qualidade e por se tratar de serviços, é fundamental ter claro que o trabalho da(o) Assistente Social tem um efeito no processo de reprodução da força de trabalho, que é a única mercadoria que cria valor superior ao que ela custou para ser consumida. Assim, a(o) Assistente Social atua sobre a força de trabalho por meio das políticas públicas e/ou serviços sociais, alcançando os aspectos da sobrevivência social e material da classe trabalhadora.

Ao pensar o trabalho da(o) Assistente Social no Estado, no campo da prestação dos serviços sociais, não existe criação capitalista de valor e mais-valia, tendo em vista que o Estado "recolhe parte da riqueza social sob a forma de tributos e outras contribuições que formam o fundo público e redistribui parcela dessa mais-valia social por meio das políticas sociais" (Iamamoto, 2005, p. 70).

> O Estado não assalaria indivíduos para produzir ganhos com o labor desses servidores. Contrata-os para responder por meio de prestação de serviços públicos, gratuitos em sua maior parte, às demandas populares. [...] Prestam-se serviços (...) que dependem do grau de civilidade ou de barbárie de cada nação. (Dal Rosso, 2014, p. 86).

A partir dessas considerações, torna-se relevante perceber as *novas roupagens* assumidas pelas expressões da questão social, que se relacionam diretamente com o contexto histórico que se vivencia, o que, por fim, configura diretamente as demandas que chegam ao Serviço Social no cotidiano de trabalho.

Salama (1999 *apud* Iamamoto, 2009, p. 269) sustenta que

> a lógica financeira do regime de acumulação tende a provocar crises que se projetam no mundo, gerando recessão, e se encontram na raiz da radicalização da "questão social". É resultante dessa lógica a volatilidade do crescimento, que redunda em maior concentração de renda, da propriedade e aumento da pobreza. Atinge não apenas as periferias dos centros mundiais, mas os recônditos mais sagrados do capitalismo mundial.

A economia, principalmente dos países de capitalismo periférico, passa a se mover entre a reestruturação de sua indústria e a destruição de parte do aparato industrial que não resiste à competitividade. Favorecem-se

> os investimentos especulativos em detrimento da produção, o que se encontra na raiz dos níveis de emprego, do agravamento da "questão social" e da regressão das políticas sociais públicas. (Iamamoto, 2009, p. 269)

Todos esses aspectos refletem nas condições de trabalho e nos próprios trabalhadores. Na esfera produtiva, a "flexibilidade" se coloca como alternativa ao contexto econômico descrito, afetando os processos de trabalho, as formas de gestão da força de trabalho, os direitos trabalhistas e as lutas coletivas, tanto sociais quanto sindicais.

A reestruturação produtiva no Brasil, com as particularidades da formação social e econômica, aponta para um *fordismo incompleto* (Santos, 2008) e para formas tradicionais de exploração da força de trabalho, sedimentadas na formação econômica e política da sociedade brasileira. Complementam esse quadro os determinantes históricos que se colocam a partir de 1990 no Brasil, como as mudanças na relação entre Estado e sociedade recomendadas pelos organismos internacionais como parte das políticas de ajuste sob a inspiração neoliberal.

Há uma intervenção estatal a serviço dos interesses privados que reafirma o projeto societário capitalista, reduzindo as ações do Estado sobre as expressões da questão social. Segundo Boschetti (2012, p. 54), essa nova fase "é uma estratégia útil ao capitalismo para regular o mercado a baixo custo". Em tais circunstâncias sobre as novas configurações estatais que retratam um Poder Executivo retraído, as(os) Assistentes Sociais são chamadas(os) a intervir.

Considerando esse contexto e a relação histórica entre os Poderes Executivo e Judiciário, o atendimento às expressões da questão social pelo Serviço Social, segue a tendência da *judicialização*. E ainda há a judicialização do próprio controle das políticas públicas como um caminho de cobrança do Poder Judiciário ao Executivo, para que esse cumpra com o seu dever de implementar ações previstas nas legislações orçamentárias que destinam recursos às políticas sociais que têm caráter protetivo (Borgianni, 2013).

Nesse contexto, as estratégias para fazer frente às expressões da questão social são tensionadas por projetos sociais distintos, reafirmando, enquanto forma de resistência, a importância do rumo ético-político do projeto profissional do Serviço Social, que estimula uma cultura democrática, o apreço à coisa pública e, entre outros aspectos, a dimensão coletiva.

Assim, com todas essas novas formas de organização econômica e configurações do Estado, que se traduzem em relações políticas, é importante apontar as refrações para o Poder Judiciário, que desempenha uma determinada função na sociedade capitalista que explicita a separação entre interesses particular e geral.

Neste contexto, na contracorrente, insere-se o Serviço Social, que vem reafirmando a primazia estatal enquanto instância fundamental de defesa da universalização dos direitos sociais, de fortalecimento dos sujeitos coletivos na ofensiva ao desmonte do espaço público e a mercantilização das necessidades sociais operadas pela expansão da terceirização.

E considerando que não há ruptura no cotidiano sem resistência, enfrentamento e intervenção, a(o) Assistente Social é chamada(o) a reinventar mediações capazes de articular a vida social das classes subalternas ao mundo público dos direitos e da cidadania (Yazbek, 2001).

Capítulo 2

Infância e juventude no Brasil:
o foco no adolescente em conflito com a lei

2.1 Breves marcos temporais e legais: Serviço Social, Tribunal de Justiça e Infância e Juventude no Brasil

Segundo Alapanian (2008), o Serviço Social se aproximou da área sociojurídica (Borgianni, 2013), especificamente no Tribunal de Justiça de São Paulo, a partir da década de 1940, pelo trabalho desenvolvido no Juízo de Menores. Importante destacar de maneira contextualizada que como menor/delinquente entendia-se "não a totalidade da população infantojuvenil, mas especificamente a sua parcela pauperizada e em potencial situação de abandono e delinquência" (Pereira Junior, 1992, p. 15).

A atuação nesse espaço dava-se no sentido de controle e disciplinamento, através de fiscalização e vigilância empreendidas pelo Comissariado, atuação alinhada com o primeiro Código de Menores designado como "Melo Matos", instituído pela Lei n. 17.943-A, de 12 de dezembro de 1927, que vigorou por 52 anos, sendo alterado pela Lei n. 4.655, de 2 de junho de 1965, depois pela Lei n. 5.258, de 10 de abril de 1967 e, por fim, pela Lei n. 5.439, de 22 de maio de 1968. Cabe pontuar que as ações dos Comissários de Vigilância eram movidas por boa vontade e não por atuação técnica.

Em 1935, pela Lei n. 2.497, de 24 de dezembro, é criado o Departamento de Assistência Social do Estado de São Paulo, marcando o início da estruturação de uma política assistencial no Estado. Por divergências com o Juizado de Menores, esse Departamento ficou também responsável pelo Comissariado. Essa responsabilização não se deu sem conflitos entre o Executivo (Departamento de Assistência Social) e o Judiciário (Juizado de Menores), pois havia uma disputa política pelo controle desse espaço. E foram esses conflitos que levaram à reformulação da equipe do Juízo Privativo de Menores, fazendo parte desse o Serviço Social de Assistência e Proteção aos Menores.

A primeira escola de Serviço Social em São Paulo surgira em 1936, e, em seguida, estagiários e Assistentes Sociais integraram o quadro de Comissários de Menores como voluntários, dando-se a primeira contratação de uma aluna de Serviço Social em 1937 (Fávero, 2014). Posteriormente, o Decreto Estadual n. 9.744, de 1938, reorganiza o Serviço Social de Menores, determinando que cargos como subdiretor de vigilância, de comissários de menores e de monitores de educação passassem a ser privativos de Assistentes Sociais. Mas somente em 1948 o Serviço Social passou a fazer parte do quadro funcional do Judiciário, "ingressando formalmente na instituição" (Fávero, 2011).

Esse início do Serviço Social no Judiciário paulista coincide com o Primeiro Código de Ética Profissional da(o) Assistente Social, de 1948, que operava de maneira prescritiva, traduzindo na prática dogmas cristãos, fundamentados em pressupostos neotomistas e positivistas. Segundo Alapanian (2008), a introdução de Assistentes Sociais buscava atenuar o caráter eminentemente policialesco, dando-lhe uma conotação técnico-profissional e protetiva. Essa introdução não se fazia de maneira tranquila, pois o Juizado de Menores da Capital preferia a "constituição de um corpo de comissários 'de sua confiança' e sob sua subordinação" (Alapanian, 2008, p. 34).

Entre 1948 e 1958, vários serviços voltados a crianças e adolescentes passaram a ser centralizados no Juizado de Menores, ampliando frentes de trabalho para Assistentes Sociais, que chegavam a assumir postos de chefia nos estabelecimentos de responsabilidade desse Juizado.

Em 1948 ocorreu a I Semana de Estudos do Problema de Menores, promovida pelo Tribunal de Justiça de São Paulo, através do Juizado de Menores da Capital, pela Procuradoria Geral do Estado e pela Escola de Serviço Social, que já contava com 12 anos de existência. O evento colaborou para refletir a atuação do Serviço Social no Poder Judiciário.

Em 1949, realizou-se a II Semana de Estudos do Problema de Menores, organizada pelos mesmos agentes da Semana anterior. Fávero (1996, p. 58 *apud* Alapanian, 2008, p. 43) salienta que, nesse evento,

> permaneceu a perspectiva da doutrina cristã permeando cada discurso, cada proposta, com ênfase na necessidade de ampliar o movimento de assistência social aos menores, numa direção de mudança de mentalidade, de tomada de consciência para a realização da justiça social.

Essa abordagem da(o) Assistente Social vinha ao encontro da natureza do Judiciário pela lógica operacional. A contratação de Assistentes Sociais pelo Juizado de Menores não ocorreu de pronto, mas, logo após a citada II Semana de Estudos do Problema de Menores, foi criada uma comissão para estudar a Colocação Familiar como alternativa à internação e elaborar o projeto de uma lei para operacionalizá-la (Alapanian, 2008).

No ano de 1940, o novo Código Penal amplia o limite da inimputabilidade penal para 18 anos, e o Decreto-lei n. 2.024 fixa regras de organização da proteção à maternidade, à infância e à adolescência em todo o país.

Em 1941, é criado pelo Decreto-lei n. 3.779, o Serviço de Assistência ao Menor, com concepção pautada no Código de 1927. Compreende que o "menor necessitava passar por um processo de ressocialização, pautado na coerção, para que distorções fossem corrigidas, possibilitando sua reintegração na sociedade" (Pereira Junior, 1992, p. 19). Esse Serviço durou de 1942 a 1964, apresentando o modelo correcional-repressivo, com estrutura e funcionamento análogos aos do sistema penitenciário. As concepções que presidiam a eleição e a implementação das estratégias de atendimento eram baseadas nas lições da criminologia positivista do século XIX.

Na década de 1950, com a industrialização e os grandes fluxos de urbanização que caracterizariam a segunda metade do século, esse modelo de atuação já não dava conta não só do aumento quantitativo do fluxo de atendimento, como do crescente agravamento da problemática trazida pelos jovens para o interior das suas unidades. A repressão pura e simples mostrava-se incapaz de fazer face aos novos tempos. (Costa, 2006)

O Decreto-lei n. 3.779 ainda institui os Centros de Observação destinados à internação provisória, ao exame antropológico e psicológico das crianças e adolescentes cujo tratamento necessitava de um diagnóstico especial. É possível observar que a forma de compreensão desses aspectos tinha um cunho positivista, "de diagnóstico e cura dos desajustados". E essa forma de compreensão refletiu-se diretamente no trabalho da(o) Assistente Social, que respondia também a essa realidade à época.

No ano de 1943, ocorre a revisão do Código de Menores, fundamentado no Código Penal de 1940, pelo Decreto n. 6.029, denominado Lei da Emergência, instituindo uma nova noção de periculosidade, "abandonando a categoria 'delinquente' para utilizar 'infrator', o que vem a cristalizar de vez a visão da menoridade como caso de polícia" (Pereira Junior, 1992, p. 19).

Na segunda metade da década de 1940, houve uma aproximação entre o Juizado e o Serviço Social favorecida pelo fim do Estado Novo e da ditadura de Getúlio Vargas, propiciando o surgimento do Serviço de Colocação Familiar pela Lei Estadual n. 500, de 27 de dezembro de 1949. Esse serviço objetivava alcançar alternativas à institucionalização dos menores em pobreza extrema ou em situação de rua. O primeiro diretor do Serviço de Colocação Familiar foi o assistente social José Pinheiro Cortez, que permaneceu na função de 1950 a 1979.

Cabia aos Assistentes Sociais fazer o estudo sobre a situação de pobreza e emitir o parecer sobre a viabilidade ou não da colocação das crianças sob o acompanhamento das famílias que as recebiam até se adaptarem ao novo lar. Quanto à família de origem, o projeto previa o seu tratamento com vista ao reajustamento para que tivessem condições futuras de receber a criança de volta no lar.

Esse Serviço de Colocação Familiar "simbolizou durante décadas uma ação de caráter preventivo proposta pelo Serviço Social como alternativa para o problema de menores" (Alapanian, 2008, p. 166) e consolidou a atuação da(o) Assistente Social no Poder Judiciário, à época considerada uma profissão emergente. A proposta de intervenção era voltada para a família e baseada na Doutrina Cristã associada às práticas coercitivas da instituição judiciária, confluindo "num exercício balizado pelo controle e poder, via imposição de normas". (Fávero, 2011)

O Serviço de Colocação Familiar continuou ampliando o seu trabalho e, em decorrência do aumento da demanda, foi necessário criar uma Seção específica para analisar cada caso, a Seção de Informação e Triagem, que, por meio de plantões, separava as questões pertinentes à atuação do Judiciário e encaminhava as demais. A(o) Assistente Social passou a ser a(o) interlocutor(a) privilegiado(a) entre as classes populares e o Poder Judiciário e construiu uma relação de confiança com os juízes. A triagem tornou-se, portanto, uma importante atividade profissional no Poder Judiciário, estando presente nesse espaço até hoje.

As Semanas de Estudos do Problema de Menores, que ocorreram em 1950 (III), 1951 (IV) e 1952 (V), deixaram de ser anuais pelo próprio desaceleramento do movimento político à época.

Diante desse quadro e com um contexto histórico um pouco mais estável (desenvolvimentismo de Juscelino Kubitschek), as discussões jurídicas puderam ser intensificadas. Em 1956, retomou-se o debate da reforma do Código de Menores de 1927, tentando refletir os caminhos e as possibilidades da criação de uma política para esse público.

É importante salientar que, apesar da criação do Serviço de Colocação Familiar dirigido por Assistentes Sociais, não houve naquele momento a incorporação do Serviço Social nas tarefas rotineiras do Juízo de Menores.

Conquistando espaço aos poucos, o Serviço Social foi reconhecido para operacionalizar os projetos previstos nesse espaço.

Nos anos seguintes, tanto o Serviço de Colocação Familiar quanto o Comissariado sofreram alterações e/ou expansões, sendo criados outros serviços: o Serviço de Recolhimento Provisório dos Menores (1954), o Serviço de Assistência Judiciária (1956), a Seção de Informação e de Serviço Social (1956), a Casa de Estar (1956), o Pensionato Maria Gertrudes (1957), o Recolhimento Provisório de Menores (1954), a Casa de Plantão (1955), o Serviço de Comissões Técnicas, o Serviço de Fiscalização do Trabalho de Menores, o Setor de Bolsas de Estudos e o Centro de Estudos Juvenis.

Todos esses serviços fizeram parte da reformulação do Juizado de Menores em São Paulo, reafirmando a ampliação das demandas apresentadas.

A Declaração dos Direitos da Criança, promulgada pelas Nações Unidas em 1959, constituiu-se em uma carta internacional de direitos da criança, que contribuiu para aprofundar o desconforto em relação à condução do tratamento dado à população infantojuvenil nos serviços prestados no Brasil.

A década de 1960, no Brasil, com o marco da ditadura militar, trouxe transformações sociais e culturais e, junto, a preocupação com a autonomia profissional e os princípios éticos decorrentes da direção social em voga. Toda essa reorganização no trato com a demanda da criança e do adolescente já estava centralizada no Juizado e, em 1960, foi ampliada na Comarca de São Paulo. Funcionava em dez agências, distribuídas nos bairros do Centro, de Pinheiros, de Santo Amaro, da Lapa, da Casa Verde, de Santana, de Vila Maria, de Vila Prudente, de Vila Matilde e da Penha, começando a atender demandas diversas, envolvendo crianças, adolescentes (inclusive autores de ato infracional) e famílias. O objetivo foi agilizar a ação da Justiça e atender a população em seus locais de origem. (Fávero, Melão e Jorge, 2008). Em meados da década de 1960, o Serviço Social já era atuante em quase todos os setores do Juizado, que envolvia o atendimento direto à população, garantindo à profissão importante destaque na nova edificação do Juizado de Menores.

Toda essa construção não foi realizada sem tensões, insatisfações e conflitos, tanto na parte técnica com profissionais atuando sobre o imediatismo, quanto na parte trabalhista com ausência de plano de cargos, pela necessidade de concursos para ocupar cargos já desempenhados havia 12 anos, além da própria estrutura organizacional que se colocava grande e complexa. (Alapanian, 2008)

Outro problema histórico já abordado e que permanecia posto era a relação com o Executivo que

> possuía unidades e estruturas para praticamente todos os serviços que o Judiciário criou, o que gerou uma duplicidade de atendimento em várias áreas. No entanto, essas unidades vinculadas ao Serviço Social de Menores eram muito criticadas, consideradas ineficientes mesmo, viviam superlotadas e não trabalhavam numa perspectiva de desinternação. (Alapanian, 2008, p. 11)

Após 1964, com o golpe militar e o AI-1, tratou-se de concentrar o poder no Executivo, que ganhou destaque promovido diretamente pelo Governo Federal, o que enfraqueceu a atuação que o Poder Judiciário tinha construído até então.

> Na área da política social, as ações do regime militar seguiram três princípios básicos: a concentração de todas as diretrizes na esfera federal, um predomínio da tecnocracia sobre outras formas de gestão e o estímulo às estruturas que articulassem o público com o privado como forma de beneficiar o privado. (Alapanian, 2008, p. 119)

Ocorreram outras quatro Semanas de Estudos, em 1969, 1970, 1971 e 1973, que, por conta do Regime Militar, da reestruturação dos Juizados de Menores e desmembramento dos serviços, tiveram seu debate enfraquecido em São Paulo.

Em 1973, na tentativa de resistência do estado de São Paulo à integração imposta pela política nacional, tomou forma a proposta de criação da

Fundação Paulista de Promoção Social do Menor, com a colaboração de vários profissionais de Serviço Social do quadro do Juizado de Menores. A Fundação

> assumiu todas as unidades executivas do Juizado de Menores: as casas de recepção, triagem e permanência, incluindo infraestrutura, mobiliário, quadro de pessoal e dotação orçamentária. Permaneceu como única atividade executiva no Juizado o Serviço de Colocação Familiar. (Alapanian, 2008, p. 140)

Dessa forma, anterior a esse movimento, a criação da Fundação Nacional de Bem-Estar do Menor (Funabem), em 1964, deu origem às unidades estaduais. Em São Paulo, foi instalada em 1976, construindo um aparato institucional no qual a atenção aos menores acontecia sem que o Poder Judiciário precisasse intervir na sua execução, pois a interferência, que até então realizava, passou a ser considerada excesso de funções.

A Funabem foi criada pelo regime militar por meio da Lei n. 4.513, de 1º de dezembro de 1964, incorporando o patrimônio e as atribuições do Serviço de Assistência ao Menor. Inicialmente era ligada à Presidência da República e, depois, ao Ministério do Trabalho e Previdência Social, passando, de 1964 a 1990, por vários ministérios. A Fundação foi criada para ser órgão executor da nova Política Nacional do Bem-Estar do Menor, criada pela Lei n. 4.513/64, e tudo indicava que se estava no limiar de uma nova etapa, em termos de atendimento ao menor no Brasil.

Os cursos recém-introduzidos nas universidades brasileiras, incluindo aí o de Serviço Social, possibilitavam a adoção de uma nova forma de organização do trabalho técnico: as equipes interdisciplinares. A ideia do carente biopsicossociocultural passa a prevalecer nos relatórios técnicos e nas decisões jurídicas dos tempos de ascendência do regime militar.

A nova Equipe Técnica veda os castigos físicos, a violência e a tortura e propõe o diálogo e as atividades de grupoterapia, baseadas em estudos sociais de casos e laudos psicopedagógicos, como a nova base do atendimento ao menor. Apesar do discurso, os novos técnicos não tinham experiência para lidar com as situações de conflitos cotidianos dos Centros de Internação.

Diante dos incidentes disciplinares, o discurso humanista é colocado em xeque, e para saná-los recorre-se aos funcionários herdados do Serviço de Assistência ao Menor. Esses desafios — discurso *versus* prática — não tardaram a fazer com que fosse celebrado um pacto tácito com o setor correcional-repressivo que por meio de decisões de nível operacional reintroduz velhas práticas. Dessa forma, ainda que se mantivessem profissionais com discursos progressistas, esses não conseguiram produzir mudanças significativas na prática, passando o dualismo a ser um traço, inclusive político, definidor dessas instituições.

As diretrizes da Funabem estavam de acordo com os debates que ocorriam, mas em pouco tempo deixaram de ser contempladas, devido ao modelo altamente centralizado e à priorização da internação como medida de segregação dos menores marginalizados. (Alapanian, 2008)

Pensando no Serviço Social, a concepção conservadora da profissão, abordada anteriormente e relacionada ao Código de Ética de 1948, também esteve presente nos Códigos de Ética dos Assistentes Sociais de 1965 e 1975. (Barroco, 2001)

Em meados da década de 1970, o sistema de atendimento à criança e ao adolescente é amplamente questionado. De um lado,

> o acirramento das desigualdades transforma as ruas em espaços de sobrevivência. Para o senso comum fixa-se a relação causal entre pobreza e violência e, por outro lado, a violência institucional e as falhas próprias desse tipo de sistema, começaram a se desvelar diante de um amplo quadro de denúncias. (Pereira Junior, 1992, p. 21)

Nessa direção, no Judiciário, surgem divergências quanto à condução do atendimento ao menor, mas, segundo Alapanian (2008), os juízes de menores não se opuseram frontalmente à Funabem, que era vista como uma resposta às demandas desse público. O resultado foi o pronunciamento do Judiciário favorável às medidas do Executivo, adaptando-se à nova ordem.

O Judiciário de São Paulo abriu mão do poder de interferir diretamente na política de atendimento, mas, em contrapartida, ganhou autonomia em sua função estritamente judicial (Alapanian, 2008). Esse movimento também se colocou como uma estratégia de evitar conflito com o Executivo, mas, ao mesmo tempo, representava uma "visão liberal conservadora e naquele momento subalternizante". (Alapanian, 2008, p. 129)

A Fundação Paulista de Promoção Social do Menor durou dois anos e meio, sendo transformada, em 1976, pela Lei n. 985, de 26 de abril, em Fundação Estadual do Bem-Estar do Menor (FEBEM), adaptando-se à política federal para a área do menor. Na mesma época, entre os anos de 1975 e 1976, o Congresso Nacional cria uma Comissão Parlamentar de Inquérito para analisar a violência do Estado contra crianças e jovens. Foi a primeira Comissão destinada a investigar o problema da criança desassistida no Brasil, colaborando para a elaboração de um novo Código de Menores.

Em 1978, quando o cargo de juiz de menores foi assumido por Nilton Silveira, houve alteração no Serviço de Colocação Familiar e determinou-se a ampliação do Serviço Social da rede, sob o nome de Serviço de Administração do Comissariado. A orientação era a ampliação de suas atribuições, permitindo-lhe o atendimento de todos os casos encaminhados pelo Plantão Permanente do Comissariado de Menores, quais sejam: os pedidos de adoção, tutela, legitimação adotiva, internação, além das denúncias contra responsáveis, contra menores ou contra instituições etc., cabendo-lhe ainda o prosseguimento dos casos cujos processos tramitam na Vara. (Alapanian, 2008)

O Serviço de Colocação Familiar limitou a sua ação, focando-a nas famílias que recebiam os benefícios. Com isso, a partir de 1978, a estrutura do Juizado de Menores "sofreu uma redução das atividades, com concentração nas ações propriamente judicantes e de fiscalização do trabalho do menor". (Alapanian, 2008, p. 150) Em relação aos assistentes sociais, continuaram atuando como assessores nessas decisões, opinando, sugerindo, aconselhando o juiz nas questões que diziam respeito às diretrizes gerais de suas ações.

Assim, em fins da década de 1970, o Serviço Social já vivia o momento de renovação, tendo a categoria assumido processualmente um novo posicionamento vinculado à vertente teórica crítica marxista. O III Congresso Brasileiro de Assistentes Sociais, realizado em São Paulo em 1979, conhecido como "Congresso da Virada", reafirma esse movimento coletivo, pois assume o "caráter contestador e de expressão do desejo de transformação da práxis político-profissional do Serviço Social na sociedade brasileira" (CFESS, 1996).

E todas essas mudanças contribuíram para que o Serviço Social investisse em novas modalidades de intervenção. Uma delas foi a construção da ideia, salientada por José Pinheiro Cortez, de "perito social", a partir da demanda pela atuação de Assistentes Sociais nas Varas de Família (Alapanian, 2008). O trabalho nessa direção já ocorria desde 1949 nessas Varas, sendo formalizado e ampliado entre 1978 e 1979, fase na qual ocorreu o mencionado Congresso. Assim, passou-se a compreender e reconhecer o trabalho do Direito e do Serviço Social como complementares, considerando que, para além da apreciação da situação, a(o) Assistente Social pode visar à intervenção.

Em 1979, houve o segundo concurso público para Assistentes Sociais no Tribunal de Justiça de São Paulo, para "provimento de vinte e dois cargos de assistentes sociais para as dez Varas de Família e Sucessões do centro e mais doze para as Varas distritais" (Alapanian, 2008, p. 155) — o primeiro teria ocorrido em 1967 (Fávero, Melão e Jorge, 2008). Esse segundo concurso veio a partir "da última descentralização do Juizado de Menores (ocorrida de 1980 a 1985) e implantação de Varas da Infância e Juventude, nos Foros Regionais da capital, em número de onze" (Fávero, Melão e Jorge, 2008, p. 50).

O espaço do Serviço Social já estava consolidado, sobretudo quando se considera "a compatibilidade entre o enfoque assistencialista que regia a nova Lei e a Política do Bem-Estar do Menor, que tinha por objetivo suprir carências biopsicossociais da infância em situação de vulnerabilidade social" (Fávero, Melão e Jorge, 2008, p. 50). Assim, amplia-se significativamente a demanda dos Assistentes Sociais e o concurso veio na tentativa de atender a esse movimento.

Ainda em 1979 foi elaborado, advindo de um movimento de afirmação profissional que ocorria no interior do Juizado de Menores, um anteprojeto de lei [...] que seria apresentado para a presidência do Tribunal de Justiça, visando estruturar os serviços técnicos e administrativos do Juízo da Vara de Menores. O anteprojeto previa a criação de setores, serviços e diretorias, formalizando dentro da estrutura do Juizado de Menores e do Tribunal de Justiça as atividades desenvolvidas, dando aos profissionais que exerciam funções de coordenação o devido reconhecimento de suas ações de direção, inclusive do ponto de vista da remuneração (Alapanian, 2008, p. 157).

A presidência do Tribunal de Justiça se colocou contrária à proposta de estruturação do Juizado de Menores, porque não aceitava a ideia de descentralização das Varas de Menores e suas práticas assistencialistas, objetivos alcançados somente no final dos anos 1980, tendo a Vara de Menores deixado de ser uma vara única.

A Lei n. 6.697, de 10 de outubro de 1979, foi aprovada e estabeleceu o novo Código de Menores em substituição ao de 1927, como resposta, no plano jurídico, ao problema do "menor". No mesmo ano surge a Declaração Universal dos Direitos da Criança.

O novo Código enfatizou a educação como instrumento para mudar comportamentos. Ampliou os poderes do juiz de menores na direção de medidas de ordem geral e reuniu no juiz as funções de acusação, defesa e fiscalização das próprias decisões. Manteve a maioridade penal aos 18 anos, resistindo às pressões que existiam dos militares para reduzi-la, uma demanda histórica reeditada atualmente. Formalizou ainda a condição de situação irregular mantendo, no artigo 2º, a indistinção entre a apreensão do adolescente que perambulava pelas ruas e aquele que fora apreendido por flagrante delito, ambos considerados, ainda de forma generalizada, em situação irregular.

Podemos dizer que até a década de 1980 houve uma "marca da tradição positivista e doutrinária expressiva no exercício profissional do assistente social nessa instituição" (Fávero, 2013, p. 516). A partir de 1983, com o movimento de reposicionamento da categoria profissional já abordado, iniciou-se um amplo processo de debates junto aos espaços representativos, visando à alteração do Código de Ética vigente desde 1975.

Desse processo resultou a aprovação do Código de Ética Profissional de 1986, que superou a "perspectiva a-histórica e acrítica onde os valores são tidos como universais e acima dos interesses de classe" (CFESS, 1996). Assim, nega-se a base filosófica tradicional conservadora que norteava a "ética da neutralidade" e se reconhece o novo papel profissional competente teórica, técnica e politicamente.

A década de 1980 representou, assim, uma importante fase de mobilizações coletivas com intenção de discutir o trabalho desenvolvido pelas(os) Assistentes Sociais e Psicólogos. Esse movimento colaborou para que, em 1985, os psicólogos fossem alocados na Equipe Técnica (Provimento n. 236, do Conselho Superior da Magistratura) e também para direcionar a organização política de ambas as categorias que foram articuladas em 1986.

Ainda nos anos 1980, ecoando nas lutas sociais, os movimentos em defesa dos direitos das crianças e adolescentes ganham força, partindo em direção à legitimidade constitucional. O Provimento CXVI, do Conselho Superior de Magistratura, de 17 de abril de 1980, normatizou a atuação das(os) Assistentes Sociais nas dez Varas de Família e Sucessões e em 12 Varas Distritais da comarca de São Paulo.

No início da década de 1980 (1983/1984), foi criada a Unidade do Serviço Social do Trabalho, que contava apenas com Assistentes Sociais e tinha a finalidade de atender aos funcionários do Tribunal de Justiça de São Paulo. Aos poucos, os serviços destinados aos servidores se ampliaram e foram requisitados profissionais das Varas da Infância e Juventude para ocupar funções nesses espaços.

A partir de 1983, na capital, os adolescentes em conflito com a lei passaram a ser atendidos em Varas Especializadas, atualmente centralizadas no Fórum das Varas Especiais, localizado no bairro do Brás, em São Paulo. Com a Lei n. 3.947, de 8 de dezembro de 1983, que altera parcialmente a organização judiciária da comarca de São Paulo, criam-se os Foros Regionais na comarca da capital e as Varas Especializadas de Família e Sucessões, dotando-os de Varas de Menores e Varas Especiais de Menores, com ampliação da competência dos juízes. O artigo 5º dessa lei traz a criação das quatro

Varas Especiais de Menores, numeradas ordinalmente, para toda a comarca de São Paulo, cabendo-lhes a competência referente às infrações penais imputadas a menores de 18 anos. Ainda nesse artigo, o parágrafo 3º estipula que, com a instalação de quaisquer dessas Varas, cessaria a competência da Vara de Menores da Capital quanto às infrações penais imputadas a menores, destinando-se às Varas Especiais a responsabilidade por tais demandas.

Nessa década, o juiz de menores, com o propósito de modernizar o funcionamento do Juizado, propõe "a informatização do Juizado de Menores, a implantação de audiências interprofissionais e a extinção do Serviço de Colocação Familiar". (Alapanian, 2008, p. 160) A Equipe Técnica foi ampliando suas funções, passando a levantar e relatar ao juiz dados sobre o meio e a realidade social em que vivia o menor e sua família e a indicar os recursos existentes na comunidade que poderiam ser utilizados para a solução das demandas apresentadas. Nova porta de atuação também se colocou em 1982 na área de recursos humanos a partir de um projeto pensado pela Faculdade de Serviço Social da PUC-SP coordenado pela professora Elizabeth de Melo Rico. Espaços profissionais que aos poucos foram ficando mais claros.

Em 1983, ocorreu a XIII Semana de Estudos do Problema de Menores. Na sequência, em 1984, veio o processo de passagem do Serviço de Colocação Familiar para o Poder Executivo, sendo nomeado de Instituto de Assuntos da Família. Com ele, encerraram-se as ações de natureza assistencial, executadas pelo Judiciário na área de menores, e abriram-se novas perspectivas ao Serviço Social nesse espaço que também já se encontrava em uma fase mais crítica.

Em 1985, para concluir o processo de regionalização e desmontagem do antigo Juizado de Menores, o Tribunal de Justiça abriu concurso público para o provimento de 50 vagas de Assistentes Sociais para as Varas de Menores, Família e Serviço Social do Trabalho. As equipes, então, passaram a ser formadas pelos profissionais antigos que atuavam nas Varas de Menores somados aos novos profissionais aprovados nesse concurso. Agregaram-se à organização do Setor de Serviço Social: plantão (como antes realizado pelo Comissariado de Menores); triagem em cada uma das Varas, representação dos casos quando necessário; orientação e encaminhamento das pessoas que não podiam ser atendidas na Vara de Menores; estudos de casos para subsidiar a decisão Judicial, acompanhando-os, quando necessário, para sugerir e propor ações para o juiz de menores. (Alapanian, 2008) O Foro Central foi o único que manteve equipe distinta para a Vara de Menores e as Varas de Família.

No ano de 1985, a Portaria n. 2.144 criou as chefias de Serviço Social e Psicologia no Juizado de Menores e fixou a quantidade de profissionais em cada Foro da capital, "uma conquista que veio legitimar a importância do trabalho dos profissionais dessas áreas". (Fávero, Melão e Jorge, 2008, p. 54) Na capital, totalizaram cinco Assistentes Sociais-Chefes, 76 Assistentes Sociais, oito psicólogos-chefes e 36 psicólogos; desses para as Varas Especiais de Menores estavam designados um Assistente Social-Chefe, oito Assistentes Sociais, um psicólogo-chefe e cinco psicólogos. Tanto Assistentes Sociais como psicólogos cumpriam 40 horas semanais de trabalho, independente do cargo de chefia. Essas 40 horas se dividiam entre serviços internos e externos e plantões aos sábados, domingos e dias em que não houvesse expediente. Os que ocupavam cargo de chefia cumpririam as 40 horas semanais na respectiva unidade.

Relevante apontar que após 33 anos, em 2018, a equipe de Serviço Social das Varas Especiais é formada por 1 Assistente Social Chefe e 10 Assistentes Sociais para realizarem atendimento de uma demanda que se amplia anualmente.

O terceiro concurso para Assistentes Sociais do Poder Judiciário paulista ocorreu nesse mesmo ano de 1985 e visou suprir a demanda da Capital e das comarcas do Interior. No final da década de 80, esses profissionais estavam lotados nas 11 Varas da Infância e Juventude da Capital, acumulando, geralmente, o trabalho das Varas da Família e das Sucessões, bem como das Varas Especiais, destinadas a atender adolescente em conflito com a lei. (Fávero, Melão e Jorge, 2008)

Em 1987 e 1988 foram organizados dois encontros estaduais, nos quais "avaliou-se a necessidade de se organizar cursos de capacitação e de iniciação funcional". (Fávero, Melão e Jorge, 2008) Desse processo, destacam-se as seguintes conquistas: a formação da Comissão de Representantes, criando--se em 1989 a Comissão de Desenvolvimento e Capacitação Profissional dos Assistentes Sociais e Psicólogos do Tribunal de Justiça do Estado de São Paulo (sendo extinta em novembro de 2001 com a reestruturação do Departamento de Pessoal e a criação do Departamento Técnico de Recursos Humanos), a execução de programas, eventos e cursos de supervisão, cursos de capacitação profissional e cursos de iniciação funcional organizados pela, então, Comissão. Vale salientar que todo esse movimento de formação continuada perdeu um pouco sua força a partir da década de 2000.

No ano de 1988, com a promulgação da Constituição Federal Brasileira, que consagra toda a luta advinda da década de 1980, tem-se também a preocupação direta com o adolescente autor de ato infracional. Passa a garantir, nos incisos IV e V do parágrafo 3º do artigo 227 da Carta,

> o pleno e formal conhecimento da atribuição de ato infracional, igualdade na relação processual e defesa técnica por profissional habilitado, segundo dispuser a legislação tutelar específica; obediência aos princípios de brevidade, excepcionalidade e respeito à condição peculiar de pessoa em desenvolvimento, quando da aplicação de qualquer medida privativa de liberdade.

Em 1º de março de 1988, entidades da sociedade civil criaram o Fórum de Defesa das Crianças e dos Adolescentes, que teve um relevante papel, junto a outros atores sociais, no processo de discussão e elaboração do Estatuto da Criança e do Adolescente (ECA). Encontra-se funcionando, até hoje, com uma das funções de propor e monitorar as políticas públicas.

A partir dos anos 1990, no Tribunal de Justiça, foi possível observar um movimento de organização e de conquistas, como a publicação de produções teóricas desse espaço sócio-ocupacional de forma a sistematizar o conhecimento e o próprio trabalho profissional. Ao mesmo tempo, para a categoria profissional, trata-se de uma década importante, tendo em vista que a formação e o trabalho da(o) Assistente Social passaram a ser norteados por um novo projeto ético-político que é "hegemônico, o que não necessariamente significa que seja de domínio e aceito por todos os profissionais na atualidade". (Fávero, 2013, p. 516)

Esse novo projeto é reafirmado no Código de Ética dos Assistentes Sociais de 1993, reformulado a partir do Código de 1986. Também pela promulgação da Lei n. 8.662/1993, reformulada a partir da Lei de Regulamentação da Profissão, vigente desde 1957. E, em 1996, foram lançadas pela Associação Brasileira de Ensino e Pesquisa em Serviço Social as atuais diretrizes curriculares da formação acadêmica e profissional dos cursos de Serviço Social. Esse movimento marca a ruptura do projeto profissional com a direção conservadora e todas essas mudanças repercutem nos espaços sócio-ocupacionais da(o) Assistente Social.

Esse contexto democrático foi reproduzido internamente na Febem, em que se confrontaram dois projetos institucionais em disputa: mentalidade repressivo-policial *versus* direitos humanos-movimento de resistência. Conforme Teixeira (2010), no final da década de 1980 e início da década de 1990, surgiu em São Paulo a Secretaria do Menor, com a excelência de seus programas de atendimento na área da prevenção, e passou a coexistir com a Secretaria da Promoção Social, em que a Febem estava alocada. A Secretária disse no discurso de posse que a nova secretaria não incluiria a Febem — São Paulo; portanto, havia a coexistência, em um mesmo governo, de práticas educacionais e repressivas. Algo compreensível, exclusivamente, na ótica da distribuição de secretarias/cargos, em função dos acordos partidários em período eleitoral. No final da gestão, quando a Secretaria do Menor assumiu a Febem, houve muitas rebeliões no quadrilátero do Tatuapé. No final do governo, a Secretaria do Menor foi desmontada, seus programas desapareceram ou foram assumidos por entidades particulares, perdendo a visibilidade, e a Febem permaneceu.

Adentra-se a fase do Centro Brasileiro para Infância e Adolescência, ligado ao Ministério de Bem-Estar Social, que vai de 1990 a 1995. Esse Centro deu início ao ordenamento interno da Febem, mas, pela turbulência político-institucional do governo Collor à época, não foi concluído. O grande desafio é o da geração de uma institucionalidade capaz de dar conta da amplitude e complexidade dos desafios da implantação de uma política nacional de promoção e defesa dos direitos da criança e do adolescente, aspectos que até hoje merecem discussão.

Nessa época, o Brasil é atravessado, historicamente, por grandes transformações no campo das políticas voltadas à infância e à juventude. A Constituição Federal de 1988, em seu artigo 227, impôs a necessidade de regulamentação por meio de lei específica, que provocou o surgimento do ECA, instituído em 13 de julho de 1990 pela Lei n. 8.069, que substituiu o Código de Menores de 1979.

A Constituição Federal de 1988 e a promulgação do ECA incluem diretrizes da Convenção Internacional dos Direitos da Criança, aprovada por unanimidade na Assembleia Geral das Nações Unidas em 20 de novembro de 1989 e assinada pelo Brasil em 26 de janeiro de 1990. Mesmo utilizando a Convenção para elaborar o ECA, o Brasil só ratifica a primeira após a promulgação do segundo.

É importante salientar que há uma distância temporal entre a visão normativa e a visão sociocultural, que não caminham na mesma velocidade, no sentido das mudanças. Para que essas ocorram, é necessário alterar não só o panorama legal, mas também o ordenamento e reordenamento institucional e as formas de atenção direta, o que envolve diretamente o Executivo.

Esse Estatuto legal passa a considerar crianças e adolescentes como pessoas em fase peculiar de desenvolvimento, eliminando o rótulo de "menores", reconhecendo-os como cidadãos, garantindo direitos específicos para aqueles que estão nessa fase do desenvolvimento humano, reforçando a necessidade de uma abordagem profissional junto a eles. Ato infracional passa a ser compreendido a partir da ideia da "conduta descrita como crime ou contravenção penal", sendo "penalmente inimputáveis os menores de dezoito anos, sujeitos às medidas previstas nesta Lei" (ECA, artigo 104), tendo a responsabilidade pela conduta, iniciando aos 12 anos por meio das medidas socioeducativas.

Assim, as medidas socioeducativas são aplicadas de acordo com as características da infração cometida, considerando a aptidão legal do adolescente para cumpri-las. Têm dupla dimensão, pois carregam aspectos de natureza coercitiva, quando não punitivas, e de natureza educativa, quando se referem ao acompanhamento das medidas realizadas por programas sociais (Dias, 2000).

A entrada em vigor do ECA levou o Tribunal de Justiça a promover, em 1990, concurso público para Assistentes Sociais do Poder Judiciário Paulista

> em virtude do constante aumento da demanda de trabalho, decorrente tanto da ampliação das expressões da Questão Social que chegam ao Judiciário devido à desigualdade social e à ausência ou insuficiência de políticas universais de proteção social, como das normativas legais e institucionais que estabelecem mais claramente a proteção de direitos de crianças, adolescentes, idosos, mulheres e famílias. (Fávero, 2013, p. 517)

O Estatuto especifica, em seu artigo 150, que cabe ao Poder Judiciário, na sua elaboração de proposta orçamentária, prover recursos para a manutenção de equipe interprofissional, destinada a assessorar a Justiça Infantojuvenil. Já no artigo 151, detalham-se as funções dessa equipe, ressalvando as especificidades da legislação local, apontando que devem fornecer subsídios por escrito, mediante laudos, ou verbalmente, na audiência, e assim desenvolver trabalhos de aconselhamento, orientação, encaminhamento, prevenção e outros, tudo sob a imediata subordinação à autoridade judiciária, assegurada a livre manifestação do ponto de vista técnico.

A criação da Associação dos Assistentes Sociais e Psicólogos do Tribunal de Justiça do Estado de São Paulo (AASPTJ-SP) foi formalizada em 1992, sendo referência nos embates políticos e técnicos, como forte interlocutora nas fases de negociações, próxima das necessidades da categoria profissional.

A década de 1990, que é marcada pelo avanço do neoliberalismo, da precarização do trabalho e "pelo aumento considerável dos indicadores de pobreza, miséria e violência no Brasil" (Fávero, 2013, p. 519) rebate explicitamente na categoria profissional dos Assistentes Sociais na década seguinte, ou seja, de 2000. Data dessa fase a perda de força do processo de formação continuada de Assistentes Sociais e psicólogos do Tribunal de Justiça.

Assim,

é extinta em 2001 a Equipe Técnica de Coordenação e Desenvolvimento Profissional dos Assistentes Sociais e Psicólogos do Tribunal de Justiça de São Paulo, praticamente eliminando as atividades de capacitação dos profissionais de Serviço Social e Psicologia, sendo criados, enquanto espaços de resistência, apenas os Grupos de Estudos sobre diversos temas relacionados ao trabalho cotidiano, que passam a realizar reuniões mensais e são todos coordenados por assistentes sociais ou psicólogos do próprio Tribunal, "sem ônus" para essa instituição. (Fávero, 2013, p. 519)

A inserção legitimada da Equipe Técnica no Judiciário permitiu que as categorias profissionais de Assistentes Sociais e dos psicólogos começassem uma movimentação, visando à organização política. Muitos eventos ocorreram na direção de produção de conhecimento nessa área e subsídios para a própria atuação profissional.

Datam de 2004 os Provimentos do Conselho Superior da Magistratura n. 838 e da Corregedoria Geral da Justiça n. 7, ambos inseridos no Capítulo XI das *Normas de Serviço da Corregedoria Geral* (Sabatovski, Fontoura, Folmann, 2013), regulamentando a atuação de Assistentes Sociais e Psicólogos.

As atribuições de Assistentes Sociais e psicólogos do Tribunal de Justiça de São Paulo foram construídas coletivamente com importante participação da AASPTJ-SP e normatizadas pela Secretaria de Recursos Humanos (antigo Departamento Técnico de Recursos Humanos). A aprovação pela Presidência do Tribunal de Justiça de São Paulo, contudo, ocorreu com cortes.

Em 9 de junho de 2005, surge o Núcleo de Apoio Profissional de Serviço Social e Psicologia do Tribunal de Justiça de São Paulo, criado pela Portaria n. 7.243/2005 e subordinado à Corregedoria Geral da Justiça. Tem como objetivos: o assessoramento técnico-profissional; a padronização das rotinas existentes; a normatização e a centralização de diretrizes de trabalho de ordem técnica e administrativa; a orientação e o acompanhamento de profissionais da Equipe Técnica no exercício de suas funções interdisciplinares; e, entre outros, avaliar e qualificar projetos profissionais que trazem melhoria na atuação de ambas as áreas dentro do Judiciário paulista.

Ainda em 2005, a Política Nacional da Juventude foi instituída, sob a coordenação da Secretaria Nacional de Juventude, vinculada à Secretaria Geral da Presidência da República. Essa Secretaria tem a tarefa de coordenar, integrar e articular as políticas públicas de juventude, além de promover programas de cooperação com organismos nacionais e internacionais, públicos e privados, voltados para o segmento juvenil.

Nesse mesmo ano é criado o Conselho Nacional da Juventude (Lei n. 11.129, de 30 de junho de 2005) que também instituiu a Secretaria Nacional de Juventude e o Programa Nacional de Inclusão de Jovens. O Conselho tem, entre suas atribuições, formular e propor diretrizes voltadas para as políticas públicas de juventude, desenvolver estudos e pesquisas sobre a realidade socioeconômica dos jovens e promover o intercâmbio entre as organizações juvenis nacionais e internacionais.

A Lei n. 12.469, de dezembro de 2006, aprovada pela Assembleia Legislativa de São Paulo, substitui a antiga Febem pela Fundação Centro de Atendimento Socioeducativo do Adolescente (Fundação CASA) vinculada à Secretaria de Estado da Justiça e da Defesa da Cidadania. Tem como função executar as medidas socioeducativas (internação, provisória, sanção ou semiliberdade) aplicadas pelo Poder Judiciário aos adolescentes na faixa etária de 12 a 18 anos autores de ato infracional, prevendo reclusão de até três anos ou no máximo a idade de 21 anos, como prevê o ECA.

A alteração não foi só no nome, mas também na reformulação na política de atendimento: descentralização em unidades menores (até maio de 2015, eram 72 pequenos centros), reformas no conceito pedagógico, capacitação dos funcionários, estabelecimento, em todas as unidades, do Plano Individual de Atendimento (PIA), entre outras.

Em 2006, o Sistema Nacional de Atendimento Socioeducativo (SINASE) começou a ser gestado em um contexto de muitas rebeliões nas unidades da Febem. Esse sistema que traz um conjunto de princípios e normas para a execução das medidas socioeducativas, só foi formatado em 2012, no Conselho Nacional dos Direitos da Criança e do Adolescente, pela Lei n. 12.594.

Essas mudanças ocorreram em um período histórico de grande instabilidade na Segurança Pública no estado de São Paulo que envolveu ataques a agentes penitenciários, policiais, viaturas, Delegacias de Polícia, Penitenciárias e prédios públicos, e rebeliões em 74 Penitenciárias do Estado, coordenadas e articuladas pelo Primeiro Comando da Capital (PCC) desdobrando-se em ações tanto do Estado quanto do crime organizado que levou a mais de 500 mortos e 100 feridos.

As Unidades da Febem também enfrentavam violentas rebeliões desde 1999 (chegando inclusive a fechar o Complexo Imigrantes) estendendo em 2003 (totalizando 80 rebeliões), em 2004 (34 rebeliões), em 2005 (53 rebeliões) e em 2006 (28 rebeliões) tendo como estopim reiteradas violências físicas sofridas pelos internos. Nesses episódios em razão da danificação dos prédios era comum a transferência provisória dos adolescentes para presídios ou para centros de detenção provisória, descaracterizando as especificidades e finalidades da medida socioeducativa que se confundia com o tratamento destinado à pena, expondo o adolescente a situações de desproteção e de não garantias legais.

Com esse cenário pareceu claro aos defensores dos direitos da criança e do adolescente que a redução da maioridade penal estava no foco, se fazendo necessária uma articulação política para que o acompanhamento socioeducativo fosse guiado por parâmetros concretos que orientassem a gestão, a ação e as características arquitetônicas das unidades, visando debelar o risco de um retrocesso legal e o retorno das antigas práticas dirigidas aos adolescentes em conflito com a lei.

Em 2006 a Recomendação n. 2 de 25 de abril (editada pelo CNJ, advinda da Emenda Constitucional n. 45/2004) determinou que os Tribunais de Justiça dos Estados tomassem providência para a implantação de equipe interprofissional que atendesse às comarcas nas causas relacionadas à família, às crianças e aos adolescentes.

No estado de São Paulo, os profissionais são distribuídos nos Fóruns da Capital — Fórum Central, 10 Fóruns Regionais e o Fórum das Varas Especiais da Infância e Juventude (FVEIJ). Também estão inseridos em unidades departamentais para responder a uma demanda interna institucional, voltada para as relações dos trabalhadores em seus espaços de trabalho.

A Organização das Nações Unidas elegeu 2010 como o Ano Internacional da Juventude, com o objetivo de encorajar o diálogo e a compreensão entre gerações e estimular a inserção dos jovens. É importante ressaltar que até há pouco tempo, as políticas juvenis, no Brasil, consideravam a juventude apenas como uma fase de transição da adolescência para a vida adulta. Em função do próprio ECA, essas políticas estavam restritas a brasileiros com até 18 anos. A partir dessa faixa etária, passavam a integrar o grupo de adultos, com acesso às políticas universais, sem qualquer reconhecimento às suas particularidades. A proposta entre outros aspectos incentiva pensar políticas específicas para esse segmento.

A Emenda Constitucional n. 65, de 13 de julho de 2010, alterou a denominação do Capítulo VII do Título VIII da Constituição Federal e modificou o artigo 227, para cuidar dos interesses da juventude.

Ainda nesse ano, o atendimento a adolescentes em cumprimento de medida socioeducativa em meio aberto (liberdade assistida e prestação de serviço à comunidade) foi municipalizado, passando os programas locais a serem supervisionados, em São Paulo, pela Secretaria Municipal da Assistência e Desenvolvimento Social. E de Internação, pelo Estado através da Fundação CASA, que, em consulta no site da transparência, apresenta a sua organização estabelecida em 9 unidades de Centro de Atendimento Inicial, 41 Centros de Internação Provisória, 117 Centros de Internação e 19 Centros de Semiliberdade. Estas unidades estão organizadas em 11 Divisões Regionais: Metropolitanas Franco Rocha (I), Oeste (IV), Leste 2 (III) e Norte (V), Metropolitanas Campinas, Litoral, Norte, Oeste, Sudoeste, Vale do Paraíba e Polo Regional ABCD.

Na gestão desses Centros, há três superintendências — Pedagógica (ensino, arte e cultura, educação profissional e esportes), Saúde e Segurança.

A equipe técnica de referência dos adolescentes, que deve também ser de conhecimento da família, é formada por assistentes sociais, psicólogas, pedagogas, área da saúde e técnico de segurança indicados pelo Encarregado Técnico do Centro, conforme parágrafo 2º da Portaria Normativa n. 224/2012. Ainda segundo a Portaria, esses profissionais também são responsáveis na Internação Provisória pela elaboração do Diagnóstico Polidimensional e na Internação e Semiliberdade pela elaboração e execução do PIA do Adolescente.

O Boletim Estatístico Semanal da Fundação CASA, referente a maio de 2018[6], aponta haver 8.804 adolescentes que cumpriam algum tipo de medida socioeducativa.

Data de 2012 o quinto concurso para Assistentes Sociais do Poder Judiciário paulista voltado para suprir a demanda da Capital e das comarcas do Interior, em grande medida decorrente do alto índice de aposentadorias concretizadas.

Considerando a importância do Conselho Tutelar para o atendimento às demandas das crianças e dos adolescentes (ECA, artigo 136), a Lei n. 12.696, de 2012, determinou uma data única para as suas eleições em todo o Brasil, passando também a assegurar licença-maternidade e licença-paternidade aos profissionais.

Em 6 de agosto de 2013, foi publicada no *Diário Oficial da União* a Lei n. 12.852, que instituiu o Estatuto da Juventude e dispôs sobre os direitos dos jovens, os princípios e deveres das políticas públicas de juventude e o Sistema Nacional de Juventude.

A política Nacional da Juventude, formada pelo tripé Secretaria Nacional da Juventude, Conselho Nacional de Juventude, Programa Nacional

---

6. Disponível em: <www.fundacaocasa.sp.gov.br/View.aspx?title=boletim-estatístico&d=79>. Acesso em: 21 maio 2018. Estatística elaborada pelo Núcleo de Produção de Informações Estratégicas, da Diretoria Técnica da Fundação CASA. Cabe ressaltar que as estatísticas são realizadas desde novembro de 2013 e que não consta no site disponível a metodologia para o alcance desses dados.

de Inclusão de Jovens — PROJOVEM, trabalha com o recorte etário de 15 a 29 anos, seguindo padrões internacionais de classificação, o que nos leva a duas críticas. A primeira é a possível homogeneização que se coloca a partir deste recorte etário ao se pensar políticas públicas, desconsiderando as especificidades das distintas faixas etárias e dos diversos contextos sociais vivenciados em um país em desenvolvimento. A segunda é quanto o recorte etário conforme os padrões internacionais pode incentivar e reavivar, em um contexto desfavorável, a discussão da redução da maioridade penal, tendo em vista que no Brasil o ECA delimita o recorte etário de 12 a 18 anos.

Ainda em 2013, o Decreto n. 8.074, de 14 de agosto, institui o Comitê Interministerial da Política da Juventude e dá outras providências.

No ano de 2014, a nova Lei n. 12.962, de 8 de abril, inclui e altera alguns dispositivos do ECA. De maneira geral e breve, as alterações reafirmam o direito à convivência familiar e comunitária, independentemente da condição econômica ou relação com a liberdade (privação ou não dela). Obriga, no Capítulo dos Procedimentos, à indagação ao adolescente sobre o desejo de nomear um defensor público ou privado. Ainda no ano de 2014, em 26 de junho, foi promulgada a Lei n. 13.010, nomeada Lei Menino Bernardo, que condena a violência moral e física na educação e reafirma o direito ao cuidado sem o uso de castigo físico ou de tratamento cruel ou degradante.

No início de julho de 2015, a Câmara dos Deputados aprovou em primeiro turno a Projeto de Emenda Constitucional (PEC) n. 171/1993, que defende a redução da maioridade penal de 18 para 16 anos, no caso de crimes hediondos, homicídio doloso e lesão corporal seguida de morte. Forma 323 votos a favor e 155 contra. O texto foi votado em segundo turno na Câmara em 18 de agosto de 2015 com 320 votos a favor, 152 contra e 1 abstenção, sendo encaminhado ao Senado. Em outubro de 2017, o processo de votação que estava agendado foi adiado a pedido dos próprios Senadores.

Dessa forma, os recém-computados 27 anos da implementação do ECA não foram suficientes para reverter a situação da criança e do adolescente no Brasil, a despeito da enunciada mudança de paradigma que essa legislação proclamou, as discussões decorrem das dificuldades para implementar o que a legislação prevê.

O Tribunal de Justiça, considerando até então o último concurso, terminou de convocar Assistentes Sociais e psicólogos no final do ano de 2015 devido à pressão política realizada pela AASPTJ-SP. Cabe salientar que conforme relatório de reunião ampliada da AASPTJ-SP com o Conselho de Representantes, ocorrida em 3 junho de 2016, e realizado por representantes da região de Rio Preto, havia 113 cargos de Assistentes Sociais vagos por aposentadoria ou exoneração e 45 de psicólogos.

Em 2017, abriu-se o sexto concurso para o Tribunal de Justiça do Estado de São Paulo, com vagas para a Capital e para as comarcas do Interior, em uma conjuntura de retrocessos políticos, sociais e econômicos, garantindo o ingresso de Assistentes Sociais e Psicólogos nesse espaço sócio-ocupacional via concurso público e com direitos trabalhistas garantidos.

Ainda em 2017, a Resolução n. 769, que versa sobre a reserva de cotas nos concursos públicos para o provimento de cargos efetivos e de ingresso na magistratura do Tribunal de Justiça do Estado de São Paulo, reformula a redação dos artigos 5º, 6º e 8º da Resolução n. 719, de 19 de novembro de 2015, e estabelece que os candidatos que se autodeclararem negros deverão passar por uma entrevista com a Comissão de Avaliação, composta por juiz, médico e assistente social judiciário (estes dois últimos do quadro do Tribunal de Justiça) designados pelo presidente da Comissão do concurso (artigo 6º, § 1º).

Em 16 de maio de 2018 foi aprovado pelo Senado Federal o Projeto de Lei n. 19/2018, que "fomenta a integração de ações estratégicas e operacionais em atividades de inteligência de segurança pública e gerenciamento de crises e incidentes" a partir do Sistema Único da Segurança Pública (SUSP). Aguardando apenas a sanção presidencial, o Sistema Único prevê a unificação em um mesmo sistema das policias militar, civil, federal, rodoviária federal, bombeiros militares, agentes penitenciários, peritos criminais e agentes socioeducativos, comandados pela Ministério de Segurança Pública.

Apesar de muitos militantes dos direitos da criança e dos adolescentes reivindicarem a exclusão do sistema socioeducativo do SUSP, o texto foi aprovado com a sua inclusão, conforme a defesa dos parlamentares. Considera-se, assim, um retrocesso nas políticas públicas de defesa dos direitos da criança e do adolescente, pois a temática deixa de pertencer à pasta dos Direitos Humanos e passa a integrar a de Segurança Pública, desvirtuando a perspectiva da proteção integral, do viés educativo e da restituição dos direitos, para ser compreendida pela lógica do Sistema Penal que é punitiva e encarceradora. Preocupa ainda a unificação dos sistemas de informação e a vulnerabilidade a que adolescentes e jovens ficarão expostos.

Com esse percurso traçado alcançam-se as bases legais e institucionais no tratamento destinado à infância e adolescência no Brasil. Parte-se desses aspectos para apontar a constituição do FVEIJ que inaugura uma nova forma institucional de se abordar o adolescente que comete ato infracional, considerado a partir das legislações como sujeito inimputável.

2.1.1 Tribunal de Justiça do Estado de São Paulo e o Fórum das Varas Especiais da Infância e Juventude

O Tribunal de Justiça de São Paulo foi instalado na Rua Boa Vista, número 20, em 3 de fevereiro de 1874, sendo denominado Tribunal da Relação de São Paulo e Paraná (Decreto n. 2.542), tendo a função de julgar todas as causas em segunda instância, ou seja, anteriormente julgadas pelo Tribunal de Relação do Rio de Janeiro.

Como São Paulo e Paraná eram províncias bastante inexpressivas, foram nomeados apenas sete desembargadores para integrar o Tribunal. Com a Proclamação da República no Brasil, em 1889, seguiu-se a estruturação federativa do país, atribuindo-se, em 1891, competência judiciária às antigas províncias do Império, agora designadas como estados. Com a separação judiciária das províncias, em 1891, surgiu o Tribunal de Justiça do Estado de São Paulo pelo Decreto n. 2 de 1º de dezembro.

Porém, apenas no ano de 1911, por conta do crescimento demográfico e econômico do estado de São Paulo e da consequente expansão do Judiciário paulista, se fez necessária a construção de uma sede. Nesse mesmo ano, mais especificamente no dia 18 de novembro, houve a criação da Organização Judiciária, através da lei de número 18, a qual estabeleceu que o presidente do estado de São Paulo ficava responsável pelo Tribunal de Justiça.

Devido ao crescimento já apontado, a sede precisou ser deslocada. Em 1911, foi contratado o escritório do arquiteto Ramos de Azevedo como responsável pela realização do projeto acolhido pelo Tribunal. Contudo, devido a problemas burocráticos e à demolição do quartel de cavalaria instalado no local, somente em 1920 foi lançada a pedra fundamental desse marco arquitetônico da cidade, construído por operários, na maioria, imigrantes italianos e espanhóis. A presença de grandes espaços tornou a obra pioneira no uso de estruturas metálicas. Sua fachada foi inspirada no Palácio da Justiça de Roma, com acabamento luxuoso e ornamentado com figuras, cariátides e símbolos do Judiciário.

O edifício, construído em estilo neoclássico com influência barroca, foi finalmente inaugurado em 1933. Foi reinaugurado em 1942 e foi tombado pelo Conselho de Defesa do Patrimônio Histórico, Arqueológico, Artístico e Turístico em 1981.

O andamento das obras sofreu percalços, o maior de todos por ocasião da Revolta Paulista de 1924, agravado pelo falecimento do arquiteto Ramos de Azevedo em 1928, o que obrigou o Tribunal a negociar novo contrato, em 1929, com os sucessores de seu escritório — Ricardo Severo e Arnaldo Dumont Vilares —, através da Diretoria de Obras Públicas do Estado, sob a fiscalização de H. Forense, igualmente prorrogado em 26 de abril de 1931.

O Tribunal de Justiça de São Paulo tem jurisdição sobre todo o estado. É gerido por um presidente eleito, assim como o vice-presidente e o corregedor geral da Justiça, por todos os desembargadores (atualmente 360) para um mandato de dois anos. Somam-se aos órgãos de cúpula o decano e os presidentes das seções de Direto Criminal, Direito Público e Direito Privado.

Eles integram o Conselho Superior da Magistratura, órgão responsável por apreciar matérias e definir questões de importância geral para todo o Poder Judiciário. Também há o Órgão Especial, composto por 25 desembargadores: o presidente, os 12 mais antigos e 12 eleitos.

A Corregedoria Geral da Justiça é o órgão fiscalizador e normatizador dos procedimentos técnico-operacionais do Judiciário. O corregedor tem a função de fiscalizar o andamento dos ofícios de Justiça, ação que se faz por meio de correição; para isso, conta com uma equipe constituída de juízes assessores e auxiliares, que, além de proceder às correições, são especializados por área do Direito e responsáveis em oferecer pareceres ao corregedor.

O território do estado de São Paulo está dividido atualmente em 338 Comarcas, cada uma abrangendo um ou mais municípios e distritos. A Comarca da Capital é dividida em Foro Central e 15 Foros Regionais. As Comarcas do Interior estão distribuídas em Circunscrições Judiciárias, que, atualmente, totalizam 56, agrupadas em dez Regiões Administrativas Judiciárias. Assistentes sociais e psicólogos do Judiciário paulista estão distribuídos nessas Comarcas, que se vinculam à Comarca sede de circunscrição. Essa vinculação delimita a área em que o profissional atua.

Examinar a trajetória do FVEIJ requer compreendê-lo a partir de alguns aspectos. O primeiro é considerá-lo como espaço de intermediação entre o Estado e a população que procura a Justiça, espaço este permeado por interesses assentados no projeto de sociedade capitalista, conforme já abordado. O segundo requer destacar que esse Fórum é o único especializado no atendimento aos adolescentes em conflito com a lei e seus responsáveis no estado de São Paulo (e no Brasil). Por fim, o terceiro aspecto é compreender a importância do trabalho profissional da(o) Assistente Social nesse espaço sócio-ocupacional e a direção ético-política que assume, considerando toda a construção protetiva da infância e da adolescência no Brasil.

Conforme já abordado, a partir de 1983, os adolescentes da Capital em conflito com a lei passaram a ser atendidos em Varas Especializadas. O FVEIJ foi criado a princípio com três Varas Especiais, instaladas para atendimento a crianças e adolescentes em situação irregular, cuja definição prevista no Código de Menores, no seu artigo 2º, incisos I a VI, compreendia:

> I — privado de condições essenciais à sua subsistência, saúde e instrução obrigatória, ainda que eventualmente, em razão de: a) falta, ação ou omissão dos pais ou responsáveis; b) manifesta impossibilidade dos pais ou responsável para provê-las; II) vítima de maus tratos ou castigos imoderados impostos pelos pais ou responsável; III) em perigo moral devido a: a) encontrar-se, de modo habitual, em ambiente contrário aos bons costumes; b) exploração em atividades contrárias aos bons costumes; IV) privado de representação ou assistência legal, pela falta eventual dos pais ou responsável; V) com desvio de conduta, em virtude de grave inadaptação familiar ou comunitária; VI) autor de ato infracional.

A princípio, essas Varas ficavam próximas às Unidades de Internação da ainda FEBEM, no Complexo do Tatuapé. Posteriormente, para melhor acomodação, as Varas foram alocadas provisoriamente na Rua Piratininga, número 85, no bairro do Brás, em São Paulo. Em 1994, foram transferidas para o atual endereço, na mesma rua, no número 105, quando também passou a funcionar a 4ª Vara Especial, passando toda a estrutura a integrar o FVEIJ, ou Fórum do Brás, como é popularmente conhecido.

Em 1996, com o Provimento n. 555 do Conselho Superior de Magistratura, é criado o Departamento de Execuções da Infância e Juventude (DEIJ), que explicita no artigo 3º as suas competências: fiscalizar, com o Ministério Público e o Conselho Tutelar, as entidades a que se referem os artigos 90 e 95 do ECA; processar a execução de qualquer medida socioeducativa ou protetiva aplicada a adolescentes que cometeram ato infracional pelos juízes da Infância e Juventude da comarca da Capital; processar a execução das medidas de prestação de serviço à comunidade e liberdade assistida, originárias de qualquer Juízo da Infância e Juventude do estado, aplicadas ao adolescente autor de ato infracional recolhido nas unidades da Fundação CASA.

Os profissionais, que já atuavam junto às Varas Especiais, passaram a atuar também junto ao DEIJ, nessa mesma década. O DEIJ inclui um juiz coordenador responsável pela corregedoria permanente das entidades de atendimento ao adolescente, estabelecidas na comarca da Capital, que mantenham programas socioeducativos.

Aos juízes titulares de cada Vara, como competência da Justiça da Infância e Juventude, cabe, conforme o artigo 148 do ECA: conhecer as representações promovidas pelo Ministério Público, para apuração de ato infracional atribuído a adolescente, aplicando as medidas cabíveis; conceder a remissão, como forma de suspensão ou extinção do processo; conhecer os pedidos de adoção e seus incidentes; conhecer ações civis fundadas em interesses individuais, difusos ou coletivos afetos à criança e ao adolescente, observado o disposto no artigo 209; conhecer ações decorrentes de irregularidades em entidades de atendimento, aplicando as medidas cabíveis; aplicar penalidades administrativas nos casos de infrações contra norma de proteção à criança ou adolescente; e conhecer os casos encaminhados pelo Conselho Tutelar, aplicando as medidas cabíveis.

Em 2017 duas novas Varas (5ª e 6ª) foram inauguradas no FVEIJ. No mesmo ano, a partir do Provimento Conjunto n. 32, foi implantada, em caráter experimental, a Unidade de Processamento Judicial contemplando as seis Varas Especiais desse Fórum. No decorrer do ano de 2017, segundo estatísticas da Seção de Distribuição — que concentra todos os processos referentes a ato infracional cometidos na cidade de São Paulo e também de adolescentes que residem em outro município, mas cumprem medida socioeducativa de internação na Capital — deram entrada no FVEIJ, 13875 processos. Desses, 3402 foram encaminhados à 1ª Vara Especial da Infância e Juventude, 3400 à 2ª Vara, 3424 à 3ª Vara, 3410 à 4ª Vara, 114 à 5ª Vara e 125 à 6ª Vara.

Dessa forma, atualmente, o FVEIJ abrange seis Varas Especiais com seus respectivos juízes titulares e o DEIJ constituído pela juíza corregedora e três juízes auxiliares. Assim, a Equipe Técnica do Judiciário (ETJ) formada por Assistentes Sociais e Psicólogos e suas respectivas chefias atendem a determinações de 10 juízes distintos, sendo administrativamente subordinada à juíza corregedora do DEIJ.

2.2 O retrato dos adolescentes em conflito com a lei

No Brasil, na década de 1980, impõe-se um severo ajuste nos campos econômico, político e produtivo à custa da fragilização e da desproteção social da população advindas dos processos de desregulamentação, flexibilização e privatização (Netto, 1999). Como já apontado, isso reflete diretamente tanto nas expressões da questão social quanto no próprio atendimento destinado a essas.

A desresponsabilização social do Estado e o desemprego, como exemplos dessas expressões, expõem a parcela mais pobre da população à constante vigilância social já que as situações degradantes de sobrevivência os convertem em "personagens" incômodos politicamente, ameaçadores socialmente e desnecessários economicamente, pois não possuem condições de contribuir (Wanderley, 2008, p. 25).

A preocupação com a segurança em um cenário de crise social e do afastamento do Estado na condução das políticas sociais resulta no que Loïc Wacquant (2001) denominou de Estado Penal, ou seja, o Estado mínimo social e econômico é ocupado pelo Estado máximo policial e penal. Para o autor, a mudança de foco das intervenções do Estado se dirige a segmentos específicos, às *classes perigosas*, aos mais pobres, aos que não se sujeitam às novas condições do mercado de trabalho e se rebelam, aderindo a trabalhos ilegais e pequenos delitos.

Portanto, o aumento da repressão ocasiona expressiva ampliação dos números de encarceramentos, convertendo uma demanda social em uma questão criminal. Trata-se de dispositivo utilizado para debelar as expressões das contradições do modo de produção capitalista, despolitizando a insatisfação pela ausência de reconhecimento e de responsabilização das demandas sociais por parte do Estado e pelas limitadas expectativas de futuro oferecidas.

Numericamente é possível comprovar que uma parcela muito pequena da população jovem expressa envolvimento com a atividade criminal, pois, segundo o IBGE, no documento de Projeção da População (2013), a correlação entre a população geral de adolescentes de 12 e 18 anos e a de adolescentes envolvidos em atos infracionais é de 0,1%, ou seja, no Brasil menos de 1% dos adolescentes e jovens nessa faixa etária se envolvem criminalmente. Contudo, a correlação entre pobreza e criminalidade tem servido para estigmatizar e segregar parcelas da população que já se mostram excluídas em diversas dimensões das relações sociais.

O cotidiano de trabalho profissional com adolescentes envolvidos com atos infracionais explicita esse contexto e indica que a maioria vive em condições precárias, fora da escola, exposta a mortes violentas e que alimentam expectativas limitadas em relação à sua vida futura. Dessa forma, os dados estatísticos a seguir darão visibilidade à situação de desigualdade social e de renda que envolve os adolescentes bem como o precário acesso a políticas de proteção social. Esses dados são importantes também para colaborar na contraposição às intervenções repressivas e menos inclusivas a essa parcela da população cujo status de protagonistas da crescente violência urbana tem suscitado movimentos regressivos, sendo a redução da maioridade penal um dos exemplos mais contundentes.

A priori é relevante destacar a dificuldade na localização de dados estatísticos com o recorte de adolescentes em conflito com a lei e, quando isso se coloca, há divergências metodológicas entre as instituições pesquisadoras. A diversidade dos dados, contudo, se mostrou fundamental para a aproximação dessa realidade. Isso exigiu um percurso que partisse dos dados dos adolescentes brasileiros, perpassando os dados relacionados aos adolescentes envolvidos com atos infracionais e, por fim, alcançando os dados dos adolescentes atendidos no FVEIJ pelas(os) Assistentes Sociais, a partir da Estatística da Seção de Serviço Social.

O IBGE, no censo de 2010, contabilizou que a população jovem entre 15 a 29 anos de idade é de 51,3 milhões de pessoas, correspondendo a 26,9% do total da população brasileira. O IPEA, em sua Nota Técnica, aponta que os adolescentes brasileiros de 12 a 18 anos incompletos totalizavam em 2013, 21,1 milhões, o que correspondia a 11% da população brasileira.

Considerando a educação e o trabalho dois principais mecanismos de mobilidade e inclusão social, a partir da Nota Técnica (IPEA, 2015) é possível afirmar que na adolescência há uma grande defasagem entre idade e série escolar, tendo em vista que 1/3 dos adolescentes de 15 a 17 anos não haviam terminado o ensino fundamental e menos de 2% haviam concluído o ensino médio. Na faixa etária de 12 a 14 anos, que corresponde aos últimos anos do ensino fundamental, os dados mostraram que somente 3,47% dos adolescentes o haviam concluído sendo que 93,3% ainda estavam por concluir. Dos adolescentes na faixa etária entre 15 e 17 anos 584,2 mil abandonaram a escola e estavam trabalhando, aproximadamente 1,8 milhão conciliava estudo e trabalho e 1,0 milhão não estuda e nem trabalha.

Segundo a mesma fonte, a vinculação ao trabalho na adolescência está relacionada à pobreza sobre a qual vivem e também à necessidade de ter acesso a bens de consumo valorizados socialmente, dificilmente contemplados por seus pais. Dentre os que não estudavam e não trabalhavam, 64,8% são de raça negra, 58% são mulheres e 83,5% vivem em famílias com renda *per capita* inferior a um salário mínimo. É importante mencionar que o ECA proíbe o trabalho para menores de 14 anos, e dos 14 aos 15 anos só é permitido na condição de aprendiz. Entre os 16 e 17 anos é autorizado, desde que não comprometa a atividade escolar e que não ocorra em condições insalubres e com jornada noturna.

E ainda, dos adolescentes que já estão fora da escola e trabalham, 70,65% são do sexo masculino, 61,46% negros e 63,68% pobres. Dentre os que trabalham, 85,8% ganham menos de um salário mínimo, a grande maioria trabalha sem qualquer vínculo formal e, portanto, sem proteção social.

Tendo em vista a mobilização nacional com a tramitação da PEC 171/93, Waiselfisz (2015) publicou o Mapa da Violência (2015), que é um estudo específico sobre a faixa etária que será atingida caso haja essa aprovação.

Esse mapa aponta que nos últimos 30 anos, enquanto as taxas de morte natural diminuíram significativamente impulsionadas pela melhora nas condições de saneamento básico, saúde e qualidade de vida, as mortes entre os que contam até 19 anos, por causas externas e violentas, elevaram-se de um percentual de 6,7% para 29%.

No que se refere, especificamente, aos adolescentes de 16 e 17 anos, a cada 100 mil habitantes, os percentuais de mortes por fatores externos, no mesmo período, indicam o aumento de 38,3% de mortes por acidentes de transporte; de 45,5% nas mortes por suicídio e de 496,4 % nas mortes por homicídio. A Tabela 1 expressa esses números por idade.

Tabela 1. Porcentagem de homicídios por faixa etária no Brasil

Idade	Porcentagem (%)
12 anos	6,7
13 anos	14
14 anos	25,1
15 anos	35
16 anos	43,1
17 anos	48,2
18 anos	45,1

Fonte: Waiselfisz (2015). Mapa da Violência 2015, adolescentes de 16 e 17 anos no Brasil. Dados sistematizados pelas autoras.

Como se observa, adolescentes entre os 16 e 18 anos encontram-se numa condição de maior exposição às circunstâncias de risco, pois praticamente metade das mortes nessa faixa etária ocorre em decorrência de homicídio.

O Índice de Homicídios na Adolescência (IHA, 2017) faz uma estimativa sobre o risco de morte de adolescentes entre 12 e 18 anos vítimas de homicídios nos municípios brasileiros com mais de 100 mil habitantes. Mostra que o risco de adolescentes serem vítimas de homicídio é de 3,65 ou seja, para cada 1.000 adolescentes que completam 12 anos, 3,65 são vítimas de homicídio antes de chegar aos 19, índice que aumenta a cada série deste estudo. No que se refere ao sexo, os homens possuem risco 13,52 maior que as mulheres de serem vítimas de homicídio, sendo que os negros sofrem taxas 2,88 mais elevadas. Os homicídios por armas de fogo são 6,11 mais prováveis do que todos os outros meios, sendo as regiões Norte e Nordeste as que, até o momento, revelam o maior grau de vulnerabilidade da população jovem no país. Associa o aumento do número de homicídios e o tamanho populacional dos municípios, sinalizando que o fenômeno está associado à violência urbana, e que o risco relativo por faixa etária mostra uma tendência de aumento das taxas de homicídios de adolescentes.

O Atlas da Violência (IPEA, 2018) confirma as taxas de mortalidade por homicídio no Brasil, sinalizando que esse fenômeno atingiu um patamar histórico de 30 mortes por 100 mil habitantes (mais de 62 mil homicídios), sendo que 94,6% das vítimas são do sexo masculino, e dentre esses, 50,3% com idades entre 15 a 29 anos (correspondendo a 33.590 jovens). Se considerarmos as vítimas do sexo masculino entre 15 e 19 anos, o percentual diante do total de mortes por homicídio é de 56,5%.

Segundo Waiselfisz (2015), embora existam disparidades no País, os números de homicídios de adolescentes entre 16 e 17 anos ultrapassam o patamar considerado epidêmico de 10 homicídios por 100 mil habitantes. "As taxas de homicídios de adolescentes entre 16 e 17 anos, por região, correspondem, ao Nordeste, 76%; Centro-Oeste, 67,7%; Norte, 50,2%; Sudeste, 42,6% e Sul, 33,9%" (Waiselfisz, 2015, p. 26). Do total de mortes, 93% são do sexo masculino, o que representa uma tendência histórica, e a escolaridade da maior parte é significativamente menor do que a do conjunto da população dessa mesma faixa etária.

Traçando um paralelo que reafirma essas informações, o Atlas da Violência (IPEA, 2018) aponta que as diferenças entre as regiões do país persistem, sendo que as regiões Sul e Sudeste apresentam números mais estáveis e as regiões Norte e Nordeste apresentam maior crescimento (o Estado do Acre é que registra a maior variação do número de mortes — 81,7%, e o estado da Paraíba, o menor — 14,9%). Já em São Paulo, os números indicam uma diminuição desde 2000, e as razões, segundo o estudo, não são inteiramente conhecidas. As hipóteses são de que a política de controle de armas se intensificou, houve certa diminuição demográfica dessa faixa etária, melhoria no sistema de informações e na organização das polícias e maior controle do Primeiro Comando da Capital sobre o uso da violência letal em determinadas regiões do Estado.

Waiselfisz (2015) ainda mostra que existe uma diferença considerável no quesito cor, apontando que na faixa etária entre 16 e 17 anos morrem, em média, 2,7 mais adolescentes negros. Ou seja, proporcionalmente, morrem quase três vezes mais negros do que brancos e suas conclusões indicam que não haverá alteração desse quadro em curto prazo, denunciando a insuficiência de políticas destinadas a superar essa seletividade, tornando o adolescente negro, cada vez mais, alvo em potencial de morte violenta.

O Atlas da Violência (IPEA, 2018) também confirma a vulnerabilidade dos jovens negros à violência no Brasil em relação aos não negros, pois em 2016 as taxas de homicídios de negros foram duas vezes e meia superior à de não negros (16,0% contra 40,2%). Considerando o período de uma década, entre 2006 e 2016, a taxa de homicídios de negros cresceu 23,1%, ao passo que a taxa entre os não negros teve uma redução de 6,8%. Aponta ainda que os negros são também as principais vítimas da ação letal das polícias e o perfil predominante da população prisional do Brasil, expressando a desigualdade racial no Brasil no que se refere à violência letal e às políticas de segurança.

O Atlas da Violência (IPEA, 2018) aponta ainda que 4.645 mulheres foram assassinadas no país, representando uma taxa de 4,5 homicídios para cada 100 mil brasileiras. Esse número aumentou 6,4% em dez anos, tendo a taxa de homicídios entre as mulheres negras (5,3) e entre as não negras (3,1) uma diferença de 71%. Entre 2006 e 2016, essa taxa cresceu 50%, sendo o Estado de Goiás o que apresentou o maior índice (8,5%).

Os números sobre a mortalidade juvenil masculina traduzem o desfecho trágico de uma ampla desproteção social, reafirmando que uma parcela importante da população jovem é "invisível" às políticas sociais. Apesar dos números assustadores, a opinião pública e a própria sociedade, de forma

geral, não se mostram alarmadas. Tomam-se as estatísticas de forma natu-
ralizada e como inevitáveis, prevalecendo o discurso de que as vítimas são
as responsáveis pelo destino fatal de suas vidas, desconsiderando a lógica da
doutrina da proteção integral que compreende os adolescentes, assim como
as crianças, sujeitos que necessitam de proteção.

Ao analisar os dados sobre os adolescentes em conflito com a lei obser-
vam-se elementos que exigem aprofundamentos teóricos sérios e críticos.

O levantamento anual SINASE (2014) aponta que havia 24.628 adolescentes, de ambos os sexos, cumprindo medidas privativas e restritivas
de liberdade. Analisando historicamente a evolução desses números, o
documento aponta um aumento constante e regular desde 2010, conforme
se observa na Tabela a seguir.

Tabela 2. Número de adolescentes em restrição e privação de liberdade (Brasil)

Período	Adolescentes
2010	17.703
2011	19.595
2012	20.535
2013	23.066
2014	24.628

Fonte: Levantamento Anual SINASE (2014). Dados sistematizados pelas autoras.

Desse quantitativo, a primeira posição estava com o Estado de São
Paulo, que contava com 10.211 adolescentes privados ou restringidos da
liberdade, seguido de Minas Gerais, com 1.853, e Rio de Janeiro, com 1.655.
O estado de São Paulo possui o maior número de unidades de internação
(150) seguido de Minas Gerais (33) e Rio de Janeiro (26).

A privação ou restrição da liberdade se deve proporcionalmente aos
seguintes atos infracionais, conforme a Tabela 3:

Tabela 3. Porcentagem de atos infracionais (Brasil, 2014).

Atos infracionais	Porcentagem
Roubo	44,41
Tráfico	24,24
Furto	3,30
Homicídio	9,47
Porte de arma de fogo	1,88
Tentativa de homicídio	3,46
Latrocínio	2,13
Estupro	1,28
Tentativa de roubo	1,24
Outros (abaixo de 1%)	4,14
Outros (sem informação)	4,45
Total	100

Fonte: Levantamento Anual SINASE (2014). Dados sistematizados pelas autoras.

O estudo mostra que roubo e furto, atos contra o patrimônio, ainda são os mais cometidos pelos adolescentes, refutando a noção do senso comum que alardeia um suposto aumento de crimes contra a pessoa (latrocínios e homicídios) que insuflam cada vez mais medidas repressivas com vistas a sanar o que consideram como ameaça crescente à sociedade. Diante dos atos infracionais contra o patrimônio, coloca-se importante questionar a fácil comercialização dos objetos roubados nos mercados ilegais, parecendo ainda incipiente um olhar mais atento às estratégias e aos atores desse mercado, posto que seja, em última instância, uma das peças que alimentam essa engrenagem.

O número expressivo do envolvimento dos adolescentes e jovens com o tráfico de drogas, por outro lado, é relevante, pois, muitas vezes, esse envolvimento coloca-se como alternativa ao desemprego, deixando-os expostos às repressões policiais.

Com relação à fonte de renda das famílias dos adolescentes atendidos, a Estatística da Seção de Serviço Social (2017) indica que 42% das famílias tinham vínculo informal de trabalho, 41% vínculo formal, 10% encontravam-se desempregada, 4% recebendo benefício previdenciário, 2% aposentada e 1% fazia parte do Programa Jovem Aprendiz. Em relação à renda familiar, 17% das famílias sobreviviam com menos de um salário mínimo e 59% das famílias podiam ser classificadas como de baixa renda, de acordo com o Decreto n. 6.135, de 26 de junho de 2007, que dispõe sobre o Cadastro Único para Programas do Governo Federal e dá outras providências. Das famílias atendidas, 22% recebiam algum tipo de Benefício Social, configurando 74% Bolsa Família, 16% Benefício de Prestação Continuada, 7% Bolsa Aluguel e 3% Renda Mínima.

Com relação ao sexo, os levantamentos, de forma geral, apontam para a disparidade entre meninos e meninas envolvidos em atos infracionais, sendo 95% do sexo masculino e 5% do sexo feminino, motivo inclusive pelo qual nos referimos a esses sempre no masculino.

Considerando os adolescentes privados de liberdade, verifica-se, conforme a Tabela 4, que a faixa etária entre 16 e 18 anos é a mais expressiva.

Tabela 4. Restrição de liberdade por faixa etária no Brasil

Faixa Etária (em anos)	Porcentagem (%)
12 e 13	2
14 e 15	18
16 e 17	56
18 a 21	24
Total	100

Fonte: Levantamento Anual SINASE (2014). Dados sistematizados pelas autoras.

Os números referentes à raça/cor confirmam a prevalência de adolescentes/jovens pretos/pardos em restrição e privação de liberdade, reafirmando as estatísticas gerais já apresentadas.

Tabela 5. Raça/Cor de adolescentes em restrição e privação de liberdade no Brasil

Raça/Cor	Porcentagem (%)
Preta/parda	55,77
Branca	21,16
Amarela	0,63
Indígena	0,25
Sem informação	22,16

Fonte: Levantamento Anual SINASE (2014). Dados sistematizados pelas autoras.

Um dado significativo no Levantamento Anual SINASE (2014) diz respeito ao número de adolescentes que foram a óbito durante o cumprimento da medida privativa ou restritiva de liberdade. Em 2014, 29 adolescentes morreram durante o cumprimento da medida, cujos motivos são 31% por conflitos interpessoais, 13% por conflitos generalizados, 8% por suicídio e 2% por morte súbita. Em 46% das mortes, contudo, os motivos não foram notificados. Esses números denunciam a flagrante situação de vulnerabilidade e a deficiência na fiscalização das condições em que o atendimento socioeducativo é prestado, pois não são incomuns as denúncias de maus-tratos, fruto de um tratamento eminentemente punitivo refletido em condutas violentas por parte de seus operadores. Importante registrar que, do total de óbitos, 27% dos casos ocorreram no estado de São Paulo, seguido pelos Estados de Alagoas, Ceará e Pernambuco, com 8% de casos cada.

Outro dado importante diz respeito ao lócus institucional no qual o órgão gestor das medidas socioeducativas está vinculado. Esse dado nos permite compreender em qual perspectiva o poder público de cada Estado da Federação oferece o atendimento socioeducativo. Ainda que a legislação seja clara sobre a supremacia dos aspectos educativos das medidas socioeducativas, em alguns estados a gestão desse serviço está atrelada às Secretarias de Justiça e Segurança Pública e não em pastas relacionadas especificamente à criança e ao adolescente, conforme Gráfico 1.

Gráfico 1. Comparativo entre 2014 e 2013 quanto ao Lócus Institucional do Sistema Socioeducativo.

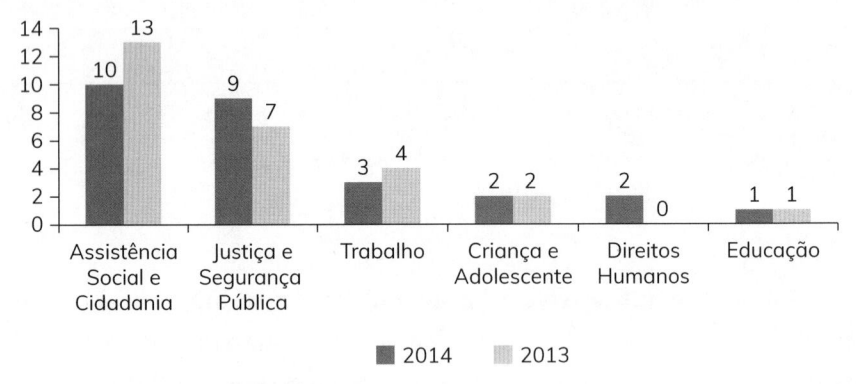

Fonte: Levantamento Anual SINASE (2014).

Como se percebe, embora no decorrer das décadas tenham sido nota-dos avanços no campo normativo/legal e organizacional no que se refere ao atendimento do adolescente em conflito com a lei, pode-se dizer que a concepção punitiva ainda persiste, pois constantemente se reeditam práticas que pareciam já superadas. Volpi (2005) aponta que, embora pertencentes ao mesmo quadro situacional, crianças e jovens empobrecidos suscitam apelos diferenciados à sociedade; às crianças dirigem-se sentimentos e ações em prol de sua defesa, mas quando se trata dos adolescentes autores de ato infracional, a reação é diferente, pois é antecedida da necessidade de proteger a sociedade (ou o seu patrimônio). Torna-se difícil e até incômodo reconhecer a cidadania daquele que comete um crime, estigma por vezes reproduzido no espaço do próprio Judiciário.

A partir dos dados gerais sobre violência e dados nacionais sobre ado-lescentes em conflito com a lei, pretende-se, a partir de agora, aproximar-se do espaço sócio-ocupacional do FVEIJ e da população usuária desse serviço.

Para tanto serão utilizados os dados referentes aos atos infracionais de maior incidência e/ou gravidade das estatísticas da Seção de Distribuição do FVEIJ que traduz o total de entradas de processos no FVEIJ durante o ano de 2017; do Boletim Estatístico Semanal da Fundação CASA que aborda a movimentação interna da instituição na semana de 15 de dezembro de 2017 e da Seção Técnica de Serviço Social, cujos números representam os atendimentos realizados no decorrer do ano de 2017 pelas(os) Assistentes Sociais que os computam diariamente em planilha elaborada pela própria equipe. Trata-se de instrumental que vem sendo aprimorado há quase 20 anos e surgiu pela necessidade de a equipe analisar o trabalho que desenvolve antes mesmo que o próprio Tribunal de Justiça o exigisse.

A sistematização dos dados subsidia tanto a realização do relatório quantitativo mensal que alimenta a planilha de movimentação judiciária do FVEIJ que passou a ser encaminhada para o CNJ a partir de 2015, quanto o relatório anual de atividades desenvolvidas pela Seção. Conforme o Provimento n. 24, de 2011, em seu item 24, as Seções Técnicas de Serviço Social e psicologia apresentarão anualmente ao juiz da Vara da Infância e da Juventude, ou com competência para tal matéria, o relatório de suas atividades, com avaliação do trabalho realizado e proposta de medidas complementares.

Ao atendimento das(os) Assistentes Sociais são encaminhados predominantemente processos do DEIJ, correspondendo a 88% dos atendimentos realizados por essa Seção em 2017. O restante equivale a 5% da 1ª Vara, 2% da 2ª Vara, 1% da 3ª Vara e 4% da 4ª Vara.

Embora se tratem de metodologias estatísticas diferenciadas, considera-se que os números indicam, de forma geral, o perfil do adolescente que cumpre medida socioeducativa de internação no município de São Paulo. Dessa forma, para fins didáticos, foi necessário equiparar as qualificações dos atos infracionais, já que cada instrumental os considera de uma maneira. Assim, optou-se por separar os atos infracionais por sua natureza, ou seja, simples ou com agravantes (majorado e qualificado).

A Tabela 6 apresenta atos infracionais de maior incidência a partir dos registros da Seção de Distribuição do FVEIJ e da Fundação CASA.

Tabela 6. Atos Infracionais por incidência

Atos Infracionais	Seção de Distribuição FVEIJ		Fundação CASA	
	Unidades	%	Unidades	%
Tráfico de drogas	2322	16,74	3806	44,12
Roubo majorado	2487	17,92	3411	39,54
Roubo	494	3,56	356	4,12
Furto Qualificado	988	7,12	122	1,42
Furto	592	4,72	120	1,39
Receptação	1767	12,73	54	0,64
Extorsão	46	0,33	18	0,21
Homicídio Qualificado	19	0,13	168	1,95
Homicídio	35	0,25	75	0,87
Latrocínio	26	0,19	83	0,96
Estupro	165	1,19	82	0,96
Outros	4935	35,57	332	4,45
Total	13875	100	8627	100

Fonte: Seção de Distribuição (FVEIJ, 2017) e Boletim Estatístico Semanal da Fundação CASA (dezembro/2017). Dados sistematizados pelas autoras.

O alto número de processos referentes a atos infracionais cuja finalidade é a obtenção de bens materiais quer por furtos, roubos ou receptação seguidos dos atos relacionados ao comércio ilegal de drogas é uma tendência em todos os levantamentos estatísticos anteriormente mencionados. Isso se contrapõe aos atos infracionais que ocasionam violência à pessoa ou mesmo a morte, como o homicídio, o latrocínio, o estupro e a extorsão, que juntos atingem 1,51% do total de atos infracionais que deram entrada no FVEIJ. Apesar de a categoria "outros" apresentar um número expressivo, quando desmembrados por tipificações dos atos infracionais, o percentual de cada ato ganha dimensões irrelevantes.

Também na Estatística da Seção Técnica de Serviço Social (2017) essa tendência se confirma.

Gráfico 2. Porcentagem de atos infracionais por processos atendidos pelo Serviço Social.

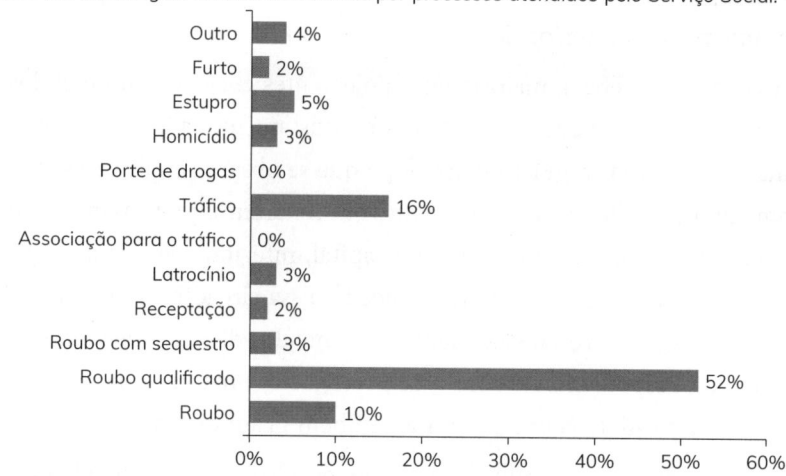

Fonte: Seção Técnica de Serviço Social (FVEIJ, 2017).

A Tabela 7 demonstra o quantitativo de adolescentes que estavam em cumprimento de medidas socioeducativas na Fundação CASA em dezembro de 2017.

Tabela 7. Adolescentes x medidas socioeducativas privativas e restritivas de liberdade.

Medida socioeducativa	Unidades	%
Atendimento inicial	34	0,39
Internação provisória	950	11
Internação	7054	81,8
Internação sanção	42	0,48
Internação sanção (UIP)	121	1,40
Protetiva	1	0,01
Semiliberdade	425	4,92
Total	8627	100

Fonte: Boletim Estatístico Semanal da Fundação CASA (dezembro/2017).

É importante mencionar o território de moradia dos adolescentes que estavam na Fundação CASA em dezembro de 2017: 33,2% dos adolescentes eram da capital, 14,7% das cidades da região metropolitana da capital, 45,5% dos municípios do interior do estado e 6,6% do litoral.

Como se percebe, a maioria dos adolescentes chega dos municípios de interior do estado de São Paulo. Embora existam unidades de internação espalhadas por várias regiões do estado, o que se observa é que esses centros acabam por não acolherem os adolescentes que reiteram as práticas infracionais, sendo eles então encaminhados para a capital, inferindo-se que a esses seja atribuído um perfil de maior periculosidade. Essa situação impõe dificuldades à manutenção ou restabelecimento dos vínculos desses adolescentes com suas famílias, responsáveis e com o seu território, uma vez que os técnicos de referência do adolescente na capital também ficam distanciados desses.

Dos adolescentes da capital atendidos pela Seção do Serviço Social em 2017, 37% correspondiam à Zona Leste, 31% à Zona Sul, 17% à Zona Norte, 10% à Zona Oeste e 5% ao Centro, confirmando a situação de vulnerabilidade social nas regiões indicadas pela Prefeitura Municipal de São Paulo[7].

O Gráfico 3 aponta a idade dos adolescentes que passaram pelo atendimento do Serviço Social. O destaque compreende as idades de 17 e 18 anos.

Gráfico 3. Atendimentos do Serviço Social por idade.

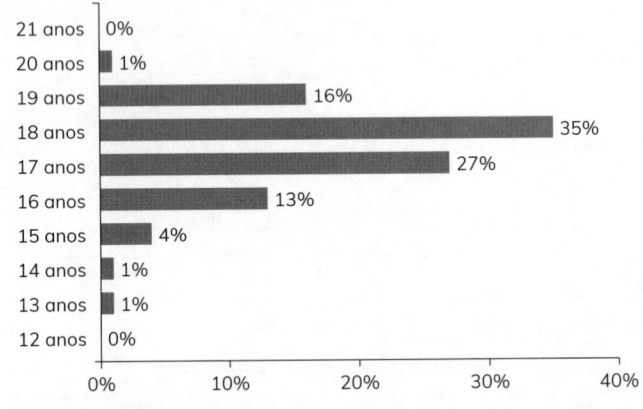

Fonte: Seção Técnica de Serviço Social (FVEIJ, 2017).

---

7. Disponível em: <http://observasampa.prefeitura.sp.gov.br/>. Acesso em: 26 jan. 2018.

Essa faixa etária coincide com os dados apresentados pela Fundação CASA, pois, dos adolescentes que estavam cumprindo medida em dezembro de 2017, 17,13% possuíam de 12 a 15 anos, 59,55% possuíam entre 16 e 17 anos, e 23,38% mais de 18 anos. Conforme já abordado, adolescentes entre 16 e 17 anos são as maiores vítimas de violência, indicando que esse grupo etário se encontra em situação de maior exposição a riscos.

Assim como a faixa etária, os dados sobre sexo e envolvimento infracional confirmam os indicadores gerais, demonstrando a predominância de adolescentes do sexo masculino sobre o feminino entre aqueles que cumprem medida socioeducativa. O universo estatístico da Fundação CASA representava 96,4% do sexo masculino e 3,96% do feminino, enquanto os da Seção Técnica de Serviço Social, 95% masculino e 5% feminino.

O envolvimento infracional pode ser observado também a partir da necessidade de acesso a bens na sociedade capitalista cujo poder simbólico se relaciona à constituição e afirmação identitária, inclusive com influências perante o grupo social e o território, que, por vezes, através das relações sociais, destina ao envolvimento ilícito, local de poder, domínio e mando. Ainda detendo-nos nessa reflexão, localizam-se particularidades relacionadas ao gênero, que carecem de maior estudo e aprofundamento, tendo em vista que a consolidação da base legal, embora de viés garantista, não traduz aspectos igualitários.

A desvinculação da escola pelos adolescentes envolvidos em atos infracionais aparece como um dado relevante. Empiricamente, observa-se que esse rompimento aponta para o esgarçamento do vínculo com uma das mais importantes instituições de socialização e proteção social. Nos processos avaliados pela Seção Técnica de Serviço Social, verificou-se que apenas 21% dos adolescentes frequentavam a escola na ocasião do envolvimento infracional, enquanto 79% não frequentavam. Comparando-se com os dados do ano de 2016, houve um aumento de 13% do número de adolescentes e jovens que estavam fora desse espaço quando se envolveram infracionalmente, conforme o Gráfico 4.

Gráfico 4. Porcentagem dos adolescentes vinculados à educação formal (2016/2017).

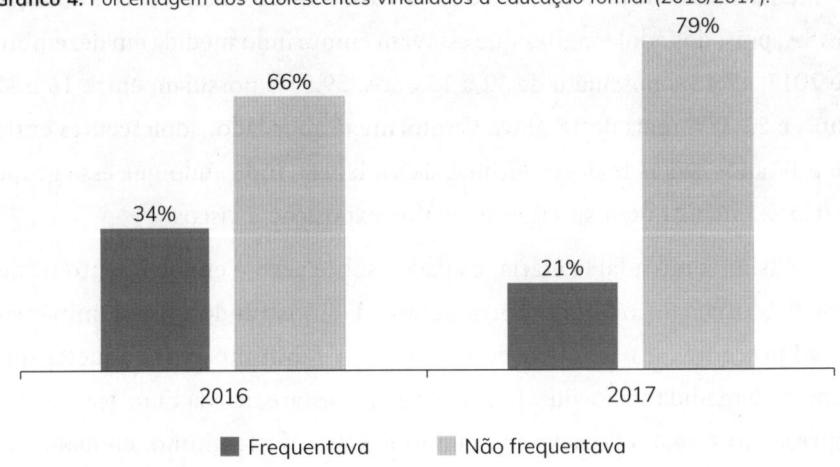

Fonte: Seção Técnica de Serviço Social (FVEIJ, 2017).

Para os que se encontravam vinculados à escola percebem-se frágeis vínculos com essa instituição, pois não conseguem permanecer nesse espaço, justificando pela falta de atração ou por se sentirem excluídos, muitas vezes pelo histórico infracional, outras pelas próprias dificuldades de aprendizagem que possuem e não sabem como usar esse espaço para saná-las. Afirma-se que o aproveitamento é bastante comprometido: a série escolar não condiz com a idade, expressivo número de adolescentes que apresentam escolaridade formal incompatível com os conhecimentos esperados e também há um grande número de jovens não alfabetizados. Observa-se que embora o nível de escolaridade desses adolescentes e jovens se mantenha superior ao de seus pais, ainda não é suficiente para romper com a defasagem cultural que se mantém há gerações.

Os levantamentos apontados anteriormente sobre mortalidade juvenil correlacionam vulnerabilidade social ao abandono escolar, pois é entre os adolescentes e jovens mais pobres que se registram os maiores índices de defasagem e de abandono escolares. Aponta também que existe um esforço para conciliar escola e trabalho em busca da inserção social via trabalho, que em geral é informal, com baixas remunerações e extensas jornadas de trabalho, o que acaba por vezes comprometendo o aproveitamento escolar, levando ao abandono desse espaço. Observa-se empiricamente que a maioria dos adolescentes, antes de optar pelo envolvimento infracional, procurou uma atividade remunerada, um vínculo de trabalho que oportunizasse a inserção via consumo nas relações sociais.

Os índices apresentados apontam um cenário preocupante para a adolescência brasileira, já que ela se encontra sob o risco de mortes violentas, com sérias defasagens escolares e alijadas das conquistas sociais. Os adolescentes e jovens, na tentativa de resistirem e se incluírem na sociedade via consumo, reafirmam a lógica capitalista, justamente aquela que o exclui, e acabam por ingressar no Sistema de Justiça como "réu", consolidando a criminalização da condição de exclusão que a pobreza e a ausência de políticas já lhes concediam.

Capítulo 3

O trabalho da(o) Assistente Social no Fórum das Varas Especiais da Infância e Juventude do Tribunal de Justiça do Estado de São Paulo

3.1 Requisições institucionais e demandas profissionais

Antes de adentrar especificamente no fluxo de trabalho da(o) Assistente Social no FVEIJ, faz-se necessário compreender como a profissão é requisitada institucionalmente e quais demandas se colocam a ela. Inicialmente, é importante salientar que a Lei n. 8.662, de 7 de junho de 1993, estabelece, em seu artigo 4º, as competências da(o) Assistente Social e, no artigo 5º, suas atribuições privativas.

Conforme abordado, o trabalho das Equipes Técnicas junto a processos que tramitam nas Varas de Infância e Juventude e Varas de Família e Sucessões está previsto no artigo 150 do ECA, que dispõe sobre necessidade do Poder Judiciário, na elaboração de sua proposta orçamentária, prever recursos para a manutenção de equipe interprofissional destinada a assessorar a Justiça da Infância e da Juventude.

De acordo com alteração no ECA,

> na ausência ou insuficiência de servidores públicos integrantes do Poder Judiciário responsáveis pela realização dos estudos psicossociais ou de quaisquer outras espécies de avaliações técnicas exigidas por esta Lei ou por determinação judicial, a autoridade judiciária poderá proceder à nomeação de perito, nos termos do art. 156 da Lei n. 13.105, de 16 de março de 2015 (Código de Processo Civil).

No Tribunal de Justiça de São Paulo, segundo Provimento CG n. 07/2004, item 24 — Normas de Serviços da Corregedoria Geral da Justiça, o Serviço Social, assim como a psicologia, são considerados serviços auxiliares, devendo executar suas atividades profissionais junto às Varas da Infância e Juventude, da Família e das Sucessões e às Varas (Únicas, Cumulativas ou Cíveis) que tenham jurisdição em matéria de família e das sucessões, cumulativas ou não. Esse Provimento aponta ainda, no artigo 802, parágrafo primeiro, que compete às Equipes Técnicas, dentre outras atribuições que lhe forem reservadas pela legislação local, fornecerem subsídios por escrito, mediante laudos, ou verbalmente, na audiência, e bem assim desenvolver trabalhos de aconselhamento, orientação, encaminhamento, prevenção e outros, tudo sob a imediata subordinação à autoridade judiciária, assegurada a livre manifestação do ponto de vista técnico. Ainda segundo esse Provimento, as(os) Assistentes Sociais e os psicólogos responderão pelos atos praticados nos processos perante o juiz do feito e ficarão disciplinarmente subordinados ao magistrado competente na área da Infância e da Juventude, inclusive onde não houver Vara especializada.

A regulamentação das competências de Assistentes Sociais e psicólogos, advindas de uma grande articulação direcionada principalmente pelo apoio da AASPTJ/SP, constam na Portaria n. 9.277/2016, conferindo às(aos) Assistentes Sociais Judiciários atribuições sumariadas na Lei Complementar n. 1.111/2010.

O artigo 2º do Título II do Capítulo I do Regulamento Interno dos Servidores do Tribunal de Justiça de São Paulo classifica, no item VI, o cargo de Assistente Social Chefe como cargo de confiança. Traz como exigência para ocupar esse cargo que o profissional tenha exercido no Tribunal de Justiça a função atividade de Assistente Social judiciário por, pelo menos, quatro anos. O artigo 3º determina que, para ocupar vaga nessa função, deverá haver indicação pelo juiz de direito da Vara da Infância e Juventude, nos Foros Regionais e do juiz titular da Vara Central da Infância e Juventude, ouvido o diretor técnico do Serviço Social, na Vara Central.

Tendo circunscrito brevemente o Serviço Social no Poder Judiciário, cabe agora analisar especificamente alguns aspectos sobre o trabalho da(o) Assistente Social no atendimento aos adolescentes em conflito com a lei, destacando-se dois. O primeiro diz respeito à natureza da atuação profissional nesse espaço sócio-ocupacional. Diferentemente do profissional que atua na mediação direta das políticas públicas, nessa instituição a mediação se dá pela "interpretação que os profissionais fazem de problemas e situações e conflitos que estão judicializados". (Borgianni, 2013, p. 35). Ainda segundo a autora, são demandas apresentadas de modo individualizado e intrincado numa esfera de determinações bastante complexas, pois significa garantir direitos em um espaço ou sistema que é também aquele onde se vai responsabilizar civil ou criminalmente alguém. Assim, através de uma demanda particularizada, as(os) Assistentes Sociais do judiciário são convocadas(os), implícita ou explicitamente, a se manifestar sobre a responsabilização desse sujeito.

Essa lógica adentra no segundo aspecto que diz respeito especificamente aos adolescentes em conflito com a lei. Atuando-se numa perspectiva predominantemente de responsabilização pelo ato praticado, pode-se perceber que a violação de direitos, anteriormente imposta a esses adolescentes, torna-se uma questão, por vezes, desconsiderada. Isso colabora com a desresponsabilização estatal pela inoperância das políticas públicas que deveriam garantir direitos. Ou seja, trata-se da omissão quanto à violação de direitos essenciais que antecedem o cometimento de ato infracional como educação, habitação, saúde, emprego etc.

Invertem-se os princípios de proteção pela socioeducação, excluindo os adolescentes dos espaços que poderiam colaborar na construção de expectativas em relação ao futuro.

O Poder Judiciário expressa e — se não estivermos atentos — o trabalho profissional da(o) Assistente Social reproduz duas direções que se colocam em tensão:

> uma de natureza essencialmente punitiva, aplicável aos segmentos marginalizados; outro, de natureza eminentemente distributiva, o que implica, além da coragem e determinação política, a adoção de critérios compensatórios e protetores a favor desses mesmos segmentos, tendo em vista a instituição de padrões mínimos de equidade, integração e coesão sociais (Faria, 1997, p. 17).

Dessa forma, entende-se que o cotidiano é um dos espaços mais importantes para a compreensão e análise do trabalho profissional. Na sua imediaticidade, estabelecem-se os nexos entre o que está posto como demanda para o exercício profissional e a forma pela qual a(o) profissional com a sua intencionalidade atribui (ou não) ao exercício profissional o compromisso ético e político condizente com o projeto profissional da categoria das(os) Assistentes Sociais.

Ao cotidiano em geral se atribuem os desgastes e as dificuldades para uma prática crítica, pois ali, no dia a dia, as contradições conjunturais mais importantes se colocam e é necessário dar-lhes respostas, tendo que realizar interpretações mais aprofundadas que colaboram na compreensão do fenômeno que está sendo abordado, para além da sua faceta imediata. A(o) Assistente Social é, portanto, "um(a) profissional que trabalha permanentemente entre a estrutura, a conjuntura e o cotidiano". (Martinelli, 2004, p. 4)

No espaço do Judiciário, é assegurada a livre manifestação do ponto de vista técnico, contudo, sob imediata subordinação à autoridade judiciária, ficando os profissionais disciplinarmente submetidos ao magistrado competente na área da Infância e da Juventude. A autonomia técnica, como se percebe, é atravessada pela subordinação à autoridade judiciária.

A demanda encaminhada para o Serviço Social é definida a partir de critérios que atendem à compreensão particular de cada juiz. O andamento processual impõe um jogo de argumentações favoráveis ou desfavoráveis ao adolescente e questões podem ser levantadas pela Promotoria ou Defensoria, para que a ETJ se manifeste, no caso de serem deferidas judicialmente. Existe uma diversidade de situações que concorre para a descaracterização dos objetivos do trabalho da(o) Assistente Social e, por isso, o campo de luta por autonomia e reconhecimento é entrecortado por variáveis distintas, antagônicas e complexas.

A autonomia profissional é, portanto, restrita, comprimida a um campo de atuação definido a partir de relações de poder hierarquizadas e rígidas e a atuação profissional regulada pela imposição das determinações institucionais, tendo em vista que é o poder institucional que determina os meios de trabalho a serem acionados.

Iamamoto (2011) alerta que a subordinação administrativa não significa subalternidade e nem anula a autonomia técnica garantida pelo Código de Ética Profissional. Distingue a competência burocrática da competência crítica, sinalizando que a primeira é aquela outorgada pela instituição que opera no sentido da ocultação do real, e a segunda, que vai à raiz e desvenda a trama submersa do conhecimento para contestar e erradicar o tom repressivo e policialesco próprio da instituição. Sendo possível reconhecer que esse é um campo de enfrentamentos políticos e cada passo conquistado é uma vitória, mas sujeita a retrocessos, a depender da conjuntura institucional.

Nesse sentido, para Eurofound (2011, p. 5, *apud* Cardoso, 2013, p. 364),

> a promoção de maior autonomia — permitir aos trabalhadores decidirem como responder às exigências com que se deparam no decurso do seu trabalho — pode tornar as exigências do trabalho mais aceitáveis e promover o bem-estar.

Assim, é necessário estar atento às mudanças conjunturais e institucionais que podem distanciar o trabalho profissional da materialização do projeto ético-político profissional do serviço social. A requisição institucional, nesse Fórum, refere-se a estudos que subsidiem as decisões judiciais, principalmente, sobre a sugestão de desinternação oferecida pela equipe de referência que acompanha o adolescente na Fundação CASA no decorrer do cumprimento da medida.

A avaliação, no momento processual, impõe um ritmo de trabalho bastante intenso. Os estudos, de forma geral, ocupam-se de uma entrevista com o adolescente e uma com a família; discussão interprofissional; contato e articulação com a rede e elaboração do laudo. A necessidade de sanar as lacunas identificadas faz com que o máximo de providências sejam tomadas durante o período de 10 dias para que o parecer seja oferecido com argumentos sólidos, com vistas a garantir que o adolescente tenha seus direitos garantidos no menor espaço de privação de liberdade possível.

Compreende-se que a avaliação solicitada, nos moldes em que se dá, implica em questões para os adolescentes, suas famílias e para o trabalho da(o) Assistente Social. Para os adolescentes e suas famílias, traz constrangimentos e ansiedade, pois a avaliação realizada por alguém que não possui qualquer vínculo e com quem será necessário compartilhar questões íntimas, muitas das quais já exaustivamente examinadas por outros profissionais, subsidiará o juiz na decisão que será tomada sobre a sua liberação ou não.

Mosqueira (2013, p. 36) aponta que, do ponto de vista dos adolescentes que passam por avaliação com a ETJ,

> a possibilidade de serem negativamente avaliados [...] provocava neles intensa ansiedade e sofrimento, pois viviam a incerteza quanto ao modo de se comportar frente aos profissionais que os atenderiam uma única vez e que elaborariam um parecer que poderia definir sua saída ou a permanência em privação de liberdade. Seja qual for o motivo e objetivo desta determinação [judicial], constitui-se numa avaliação altamente geradora de ansiedade para os adolescentes. Como se apresentar a alguém, numa única entrevista, sabendo que dela depende seu futuro preso ou livre?

Por isso considera-se fundamental refletir criticamente sobre esta atuação profissional, cuidando do sigilo das informações, criando um ambiente o mais acolhedor possível, esclarecendo o funcionamento da Justiça e todos os seus procedimentos formais, pois, em geral, o adolescente e seus familiares conhecem superficialmente os trâmites processuais e desconhecem os motivos que suscitaram essa determinação judicial. Estabelecer uma relação respeitosa e franca nesse encontro, socializando as informações de maneira qualificada, reconhecendo o adolescente e seus familiares como sujeitos de direitos é, sobretudo, um dever ético profissional.

Já para as(os) Assistentes Sociais, a despeito do alto investimento que se faz em cada processo contemplando articulação interprofissional e interinstitucional com a finalidade de alinhar intervenções que podem ser realizadas com o adolescente em liberdade, a decisão final e possíveis encaminhamentos realizados não chegam ao conhecimento da(o) profissional que avaliou. Essa(e), ao concluir a avaliação, devolve o processo para a apreciação judicial e esse segue um fluxo que não contempla outras manifestações da ETJ. Eventualmente, persistindo dúvidas ou discrepâncias nos laudos apresentados, tendo em vista que é possível haver manifestação técnica divergente entre as(os) Assistentes Sociais e Psicólogos do Judiciário, assim como desses em relação aos técnicos da Fundação CASA, os técnicos são convocados para audiência.

A questão que se coloca é a fragmentação do trabalho profissional imposta pela rotina como está estabelecida e do conflito ético que se apresenta diante da dificuldade de ultrapassar o papel de perito atribuído à ETJ e adotar maior protagonismo nos processos em que é chamada a opinar tecnicamente. A fragmentação pode gerar, entre outros sentimentos, frustação e falta de reconhecimento profissional, o que pode esvaziar de sentidos e de significados o trabalho profissional.

Considera-se que as questões levantadas estão intrincadas num campo complexo que é o do trabalho profissional e seu desvendamento se dá também a partir do aperfeiçoamento teórico que acaba por influenciar a direção estratégica profissional.

Embora a previsão normativa das atribuições profissionais contemple um conjunto de atividades, como inclusive preventivas e de articulação de rede, na prática, torna-se um desafio desvencilhar-se do enrijecimento institucional e manter a direção ético-política da profissão no cotidiano de trabalho. Para tanto, é relevante apropriar-se do fluxo de atendimento ao adolescente em conflito com a lei e as condições de trabalho da(o) Assistente Social no FEIJ.

3.2. Fluxo de atendimento ao adolescente em conflito com a lei e as condições de trabalho

Para se compreender o trabalho da(o) Assistente Social no FVEIJ, torna-se relevante considerar o fluxo de atendimento (ECA, artigos 171 a 190) que se coloca nesse espaço e nas interfaces institucionais e profissionais que conformam a demanda de atendimento a adolescentes que cometeram atos infracionais e suas famílias.

O adolescente chega à Justiça pelo primeiro passo, que é lavrar o boletim de ocorrência, ação realizada pela própria polícia que pode ainda requisitar exames e perícias, em caso de apreensão de drogas e morte, entre outros. Deve também entrar em contato com os pais ou responsáveis do adolescente no ato da sua apreensão, devendo identificá-los e lhes comunicar imediatamente a apreensão. Em caso de impossibilidade de realizar essa ação, o Conselho Tutelar deve ser acionado.

O boletim de ocorrência é feito com duas cópias, uma das quais é entregue à família ou aos responsáveis e a outra é encaminhada à Seção de Distribuição do FVEIJ, transformando-se, portanto, em processo. Essa Seção registra e sorteia eletronicamente (observando as classes de atos infracionais) para qual das seis Varas será encaminhado o processo, que adentrará a fase de instrução e julgamento, objetivando a apuração da responsabilização do adolescente.

Se o ato infracional não for considerado grave, o adolescente poderá ser entregue pelo Delegado de Polícia aos pais ou responsáveis mediante assinatura do termo de compromisso e responsabilidade, para a apresentação do adolescente ao Ministério Público, no primeiro dia útil.

Nesse primeiro dia útil, os pais ou responsáveis pelo adolescente, que comparecem ao FVEIJ, apresentam-se a Seção de Distribuição, que verificará os antecedentes do adolescente e informará para qual Vara foi encaminhado o processo. Com essa informação, saberão qual promotor realizará a oitiva do adolescente.

Caso os pais ou responsáveis do adolescente não compareçam no primeiro dia útil para apresentá-lo, o promotor designado realiza um procedimento para localizar esse adolescente, intimá-lo e em caso de não comparecimento pode solicitar que se expeça mandado de busca e apreensão que será expedido pelo escrivão judicial.

Para os adolescentes que foram entregues aos seus pais ou aos responsáveis e que, posteriormente, participam da oitiva junto ao representante do Ministério Público, existe a possibilidade de ficarem em liberdade no decorrer do trâmite processual até que a sentença seja proferida pelo juiz da Vara respectiva. Esses casos são chamados de "externos".

Se o ato for considerado *grave ou de repercussão social, para garantir a segurança do adolescente ou a manutenção da ordem pública*, ele será entregue pela polícia ao Centro de Atendimento Inicial (CAI) da Fundação CASA que identifica e registra todos os adolescentes apreendidos e, ainda, realiza uma abordagem técnica preliminar. Cabe ao CAI apresentar o adolescente ao Ministério Público com cópia do auto de apreensão ou com o boletim de ocorrência no próprio dia ou no dia posterior. Esses casos são chamados de "internos".

O Promotor Público, ao proceder à oitiva do adolescente, da família ou de responsáveis, assistidos por advogado particular ou defensor público, pode sugerir três conduções em relação ao caso: arquivar, o que precisa ser homologada pela autoridade judiciária; remir, que pode ocorrer através da suspensão ou da extinção do processo; ou representar à autoridade judiciária, encaminhando para apuração do ato infracional e propondo instauração de procedimento para aplicação da medida socioeducativa (ECA, artigo 179).

Tratando-se de adolescente que se encontrava em liberdade, dois caminhos podem ser tomados. Um é mantê-lo em liberdade no decorrer da apuração do fato, devendo ele atender a todas as convocações judiciais a partir de então. O outro pode ser o encaminhamento do adolescente para um dos Centros de Internação Provisória, onde poderá aguardar por no máximo 45 dias o trâmite completo do seu processo de conhecimento (ECA, artigo 108). Esse Centro comporta uma equipe técnica de referência que o atenderá e produzirá o seu Relatório Polidimensional, cuja função é o diagnóstico norteador para a realização do PIA.

O trâmite completo da fase de conhecimento pode envolver até três tipos de audiências com o Juiz da respectiva Vara do processo. Assim, o primeiro tipo de audiência é a de apresentação. Trata-se do primeiro contato do adolescente com o juiz. Caso o adolescente não compareça na audiência de apresentação, sem se justificar e tendo sido notificado, o juiz designará nova data e, persistindo a ausência, será determinada a sua condução coercitiva. O segundo tipo é a audiência de continuação, na qual são ouvidas as testemunhas arroladas na representação e na defesa prévia, cumpridas as diligências e juntado o relatório da ETJ, quando requisitada (ECA, artigo 186). Constata-se que a ETJ é pouco acionada nessa fase, participando apenas em 11% do total dos processos atendidos pelo Serviço Social em 2017, conforme Estatística da Seção de Serviço Social. Nessa fase, é dada a palavra ao promotor e ao defensor, e o juiz, posteriormente, proferirá a decisão. O terceiro tipo é a audiência de debates e julgamento, na qual o juiz comunica a decisão, podendo extinguir o processo ou aplicar a medida a ser cumprida pelo adolescente, podendo ser privativa ou não de liberdade.

O ECA (artigo 112) estabelece que as seguintes Medidas Socioeducativas podem ser aplicadas aos adolescentes: advertência (ECA, artigo 115); obrigação de reparar o dano (ECA, artigo 116); prestação de serviços à comunidade (ECA, artigo 117); liberdade assistida (ECA, artigos 118 e 119); semiliberdade (ECA, artigo 120) e internação (ECA, artigos 121 e 122).

Ainda no ECA, no artigo 101, são descritas as nove medidas protetivas. Essas podem ser aplicadas concomitantemente com as medidas socioeducativas, contudo, apenas as seis primeiras — encaminhamento aos pais ou responsável; orientação, apoio e acompanhamento temporários; matrícula e frequência obrigatórias em estabelecimento oficial de ensino fundamental; inclusão em serviços e programas oficiais ou comunitários de proteção, apoio e promoção da família, da criança e do adolescente; requisição de tratamento médico, psicológico ou psiquiátrico, em regime hospitalar ou ambulatorial e inclusão em programas oficial ou comunitário de auxílio, orientação e tratamento a alcoólatras e toxicômanos — são de competência dos juízes das Varas Especiais.

A advertência e a obrigação de reparar o dano são medidas que não necessitam de programas específicos de acompanhamento. Logo, segundo o artigo 782 das *Normas de Serviços da Corregedoria Geral da Justiça*, estas quando aplicadas de forma isolada, serão executadas nos próprios autos do processo de conhecimento.

A prestação de serviço à comunidade e a liberdade assistida ocorrem através de Programas de Atendimento governamentais ou não governamentais (no caso do município de São Paulo), ficando sob a responsabilidade do juiz a verificação do cumprimento ou não da medida por meio do acompanhamento dos PIAs homologados.

A medida socioeducativa de semiliberdade é cumprida em Centros da Fundação CASA. Sua inserção apresenta aspectos coercitivos, uma vez que distancia o adolescente de sua família e da comunidade, mas não o priva de ir e vir, permitindo-lhe continuar participando da vida em sociedade, de forma mais ativa, dos serviços e dos programas da rede de atendimento.

A medida de internação cumprida na Fundação CASA fundamenta-se no afastamento temporário do adolescente de seu convívio social e familiar, institucionaliza-o sob a responsabilidade do Estado, que deve "zelar pela integridade física e mental dos internos, cabendo-lhe adotar as medidas adequadas de contenção e segurança" (ECA, artigo 125).

Sendo proferida a medida socioeducativa de internação, o adolescente, estando em liberdade ou já no Centro de Internação Provisória, é transferido para o Centro de Internação da Fundação CASA, prioritariamente na sua região de moradia, para facilitar o acesso aos familiares que o acompanharão durante o cumprimento da medida.

O tempo de cumprimento da medida socioeducativa de internação tem prazo máximo de três anos (ECA, artigo 121, parágrafo terceiro), tendo o adolescente a sua liberação compulsória aos 21 anos de idade (ECA, artigo 121, parágrafo quinto), caso ainda esteja em cumprimento dessa medida, nessa idade.

Segundo a Estatística da Seção de Serviço Social de 2017 o tempo de cumprimento da medida de internação, considerando os adolescentes atendidos pela ETJ, correspondem 13% a 12 meses; 11% a menos de 9 meses; 10% a 14 meses e 8% a 15 e 11 meses igualados.

Tão logo aplicada uma medida socioeducativa, o processo da Vara é encerrado, passando a medida em questão a ser acompanhada pelo DEIJ, só sendo arquivado após o cumprimento integral da medida. Em geral, são processos que tramitam por um longo período. Quando ocorrem reincidências por parte do adolescente, um novo processo é gerado em uma das Varas para conhecimento e, proferida a sentença, se apensa novo processo ao já existente no DEIJ. Em caso de haver medidas anteriores pendentes, elas são unificadas em uma única medida, a mais gravosa.

Pela estatística do Serviço Social de 2017, entre os adolescentes atendidos que cumpriam medida socioeducativa de internação, os que reiteram em práticas infracionais com dois atos correspondiam a 29%; já os adolescentes com três ou mais atos correspondiam a 45%; enquanto os adolescentes primários eram 26%.

Os Centros de Internação, conforme artigo 95 do ECA, são fiscalizados pelo Judiciário, pelo Ministério Público e pelos Conselhos Tutelares. No âmbito do Judiciário, na capital, essa fiscalização é de competência da juíza corregedora, que é auxiliada pelos demais juízes do DEIJ. Anteriormente, as visitas corriam vinculadas a um processo interno de verificação provocado por irregularidades e denúncias (em geral, de maus-tratos) e os laudos de vistoria subsidiavam as suas providências.

A partir da Resolução 77[8], as visitas passaram a ter um caráter de acompanhamento, considerando-se salutar que os juízes observem *in loco* as condições em que dá o cumprimento da medida determinada por eles aos adolescentes. Para tanto, existe um instrumental próprio de coleta de dados os quais são remetidos ao CNJ e também subsidiam os processos internos de verificação.

Nessas visitas, o Juiz Corregedor pode ser assessorado pela ETJ e essa equipe se fez presente durante anos nas visitas. Contudo, compreendendo que sua função não é fiscalizatória e vislumbrando outros subsídios, a Equipe Técnica, em 2016, solicitou a realização de visitas sem a presença do juiz aos Centros da Fundação CASA, com o caráter de visita técnica, a fim de servir de estímulo ao trabalho de rede e aproximação entre os técnicos desses Centros e do FVEIJ.

No decorrer do cumprimento da medida de internação, a equipe de referência do adolescente é responsável pela elaboração dos PIAs. O PIA organiza o trabalho dos programas de atendimento, estabelecendo metas e prazos, obrigações por parte do adolescente e da instituição, materializando intenções e expectativas com o intuito de dar uma lógica processual para a execução da medida e definir o que está ao alcance do adolescente realizar, pois nem tudo depende dele. É uma importante ferramenta no acompanhamento pessoal e social do adolescente e na conquista de metas e compromissos pactuados durante o cumprimento da medida entre os sujeitos desse processo: adolescente, instituição e família/responsáveis. As medidas socioeducativas devem ser reavaliadas no máximo a cada seis

---

8. Emenda à Resolução CNJ 77, de 26 de maio de 2009, estabelece que os juízes devem realizar mensal e pessoalmente inspeção nas entidades sob sua responsabilidade. A Resolução n. 188, de 28 de fevereiro de 2014, altera dispositivos da Resolução CNJ 77/2009, que dispõe sobre a inspeção nos estabelecimentos e entidades de atendimento ao adolescente e sobre a implantação do cadastro nacional de adolescentes. O item XIII dos Provimentos n. 50/1989 e n. 30/2013, da Corregedoria-Geral da Justiça, São Paulo — Normas de Serviço e Ofícios de Justiça — Tomo I, declara que é função das ETJ assessorar o juiz nas visitas às entidades de atendimento que desenvolvam programas de acolhimento e cumprimento de Medida Socioeducativa de Internação, Semiliberdade, Liberdade Assistida e de Prestação de Serviços à Comunidade.

meses (ECA, artigo 121 § 2) e os PIAs são os instrumentos pelos quais essa avaliação deve ser feita.

Conforme o artigo 797 das *Normas de Serviços da Corregedoria Geral da Justiça*, a autoridade judiciária dará vistas da proposta do PIA e aos relatórios de acompanhamento do adolescente ao defensor e ao promotor. É por meio de relatórios de acompanhamento das medidas socioeducativas que são transmitidas informações sobre o que ocorre com o adolescente durante o cumprimento da medida, as providências que estão sendo tomadas e subsidiarão as decisões dos operadores jurídicos no andamento processual tornando-se, portanto, instrumento de diálogo entre as instituições executoras das medidas e o Judiciário.

Dessa forma, tanto os defensores quanto os promotores podem oferecer impugnação ou requerer complementação do Plano. A impugnação não suspenderá a execução do PIA, salvo por determinação judicial em contrário, conforme o artigo 41, do SINASE. Ao contrário, a autoridade judiciária designará, se necessário, audiência da qual cientificará o defensor, o promotor, a direção do Programa de Atendimento, o adolescente e seus pais ou seus responsáveis. A impugnação não é um procedimento frequente.

Transcorrido o período entendido como necessário para a realização dos trabalhos com o adolescente e com a família, a Fundação CASA envia relatório conclusivo ao Poder Judiciário sugerindo a extinção da medida, a alteração da medida de internação para uma mais branda ou a manutenção dessa medida.

Considerando que no FVEIJ compete à ETJ, predominantemente, a análise de processos conclusivos de adolescentes internados, correspondendo a 82% dos atendimentos no decorrer do ano de 2017 segundo Estatística da Seção do Serviço Social, observa-se que, apesar de os promotores, os defensores e os juízes, de forma geral, acolherem os Relatórios de Acompanhamento dos adolescentes, é comum que somente após o envio do Relatório Conclusivo se oponham à sugestão dos técnicos de referência do adolescente. Dessa forma, solicitam outras intervenções ou ainda a avaliação do caso pela ETJ.

De acordo com a Estatística da Seção de Serviço Social (2017), dos adolescentes atendidos pelas(os) Assistentes Sociais, as sugestões foram respectivamente: 65% de liberdade assistida, 25% extinção de medida, 4% sem sugestão e 2% receberam sugestão de semiliberdade, internação e medidas protetivas. Comparando-se as sugestões das (os) Assistentes Sociais do FVEIJ e das Equipes da Fundação CASA, tem-se concordância entre 72% dos processos.

As justificativas contidas nos despachos que solicitam avaliação pela ETJ, contudo, não seguem critérios objetivos. Em geral, considerando a Estatística da Seção de Serviço Social referente a 2017, as justificativas do Ministério Público para requerer a atuação da ETJ correspondem a 22% na gravidade do ato e na reincidência e 17% na busca por subsídios para sugerir a medida socioeducativa.

A Defensoria, de forma geral, recorre menos a esse pedido — 31% dos processos atendidos pela ETJ não tiveram solicitação dos defensores para isso, tendo em vista que 54% das manifestações concordam com o parecer da Fundação CASA.

Já em relação ao pedido dos juízes, 31% recorrem ao pedido da ETJ para ter subsídios na definição da medida socioeducativa a ser cumprida pelo adolescente, seguido de 26% por motivo de reincidência, 20% pela gravidade do ato e 15% pela necessidade da intervenção da Comissão de Avaliação Disciplinar (CAD)[9] no decorrer do cumprimento da medida de internação.

Elas podem ainda conjugar mais de um fator, conforme cita Frasseto (2005, p. 7).

---

9. A Comissão de Avaliação Disciplinar é composta pelos profissionais da Fundação CASA e objetiva a aplicação de sanções disciplinares aos adolescentes que se envolvem em situações de indisciplina no decorrer do cumprimento da medida socioeducativa de internação. Faz parte do Regimento Interno, descrita na Seção VII, artigo 81. Disponível em: <http://www.fundacaocasa. sp.gov.br/up.ashx?f=pdf/Regimento_Interno.pdf&t=file>. Acesso em: 23 jan. 2018. O CFESS publicou Nota Técnica a respeito da participação de Assistentes Sociais nessas Comissões que são previstas pelo SINASE. Disponível em: <http://www.cfess.org.br/visualizar/menu/local/notas-tecnicas>. Acesso em: 4 fev. 2018.

Usualmente a providência vem justificada por particularidades de estudo enviado, reputado incompleto ou superficial. Outras vezes, ela se dá em razão da gravidade do ato infracional ou das circunstâncias de se tratar de jovem reincidente, hipótese em que haveria, segundo o entendimento do juiz, necessidade de maior cautela para a liberação. Em um menor número de vezes, demanda o juiz o aprofundamento de algumas questões particulares ligadas ao arranjo e à dinâmica familiar e à biografia do adolescente. De forma menos explícita, por detrás da ordenação de novo exame, reside uma desconfiança com relação ao trabalho (...) tido como suspeito em razão da necessidade de o sistema liberar vagas para suportar a pressão da entrada [de adolescentes] sempre crescente.

A falta de objetividade nos despachos, em geral muito genéricos, levantam dúvidas sobre qual é a real intenção do magistrado quando solicita a avaliação e sobre quais aspectos a ETJ deve se debruçar para proceder aos esclarecimentos que ainda precisam ser feitos para a conclusão do processo.

Esse fluxo acaba por gerar a extensão do tempo de cumprimento da medida socioeducativa do adolescente para além daquilo que a equipe de referência da Fundação CASA avaliou necessário, tendo em vista que para a avaliação pela ETJ o processo fica sujeito à disponibilidade do agendamento da Seção absorver esse processo no seu fluxo de atendimento. Em relação ao tempo de espera entre a sugestão do conclusivo pela Fundação CASA e a realização do atendimento pela ETJ (quando requisitada), a estatística referente ao ano de 2017 da Seção do Serviço Social aponta que 55% dos adolescentes aguardam dois meses, 24% três meses, 6% um mês e 4% menos de um mês.

Importante apontar que o tempo de espera é um problema antigo na relação entre a Fundação CASA e o FVEIJ, tendo documentos protocolados desde 2011 na Seção Técnica solicitando justificativas, denunciando a defasagem dos quadros profissionais e condições de trabalho precárias por parte do Judiciário.

A maneira como esse trabalho está organizado institucionalmente, o que implica restrições da autonomia técnica profissional, e a deficitária estrutura institucional para realizá-lo com a qualidade desejada têm sido questões de constantes reivindicações coletivas pela equipe, que compreende não ter o controle sobre seu próprio processo de trabalho.

Diariamente, diversos processos chegam à Seção Técnica de Serviço Social e de Psicologia para agendamento de entrevista junto à ETJ. O agendamento da entrevista é realizado, em conformidade com o item 25.1 do Provimento CG n. 07/2004, pela(o) Assistente Social chefe e pelo psicólogo chefe, salvo quando há designação pessoal pelo juiz da causa.

Assim, a chefia do Serviço Social é quem organiza as agendas das(os) Assistentes Sociais, proporcionando, entre as(os) trabalhadoras(es), equilíbrio quantitativo em relação ao número de processos e qualitativo no sentido dos tipos de atos infracionais. Atendendo a reivindicação coletiva, há dois anos a organização da agenda passou a ser estabelecida semanalmente, mas ainda pela chefia da Seção.

No dia anterior à data da entrevista, os processos físicos são enviados à Seção, ou, quando processos digitais, alocados para a leitura das Chefias que designarão as duplas de profissionais (Assistente Social e psicólogo) que realizarão a entrevista com os adolescentes e responsáveis, anteriormente convocados pelos respectivos Cartórios ou pelo DEIJ. É, portanto, somente no próprio dia que a(o) Assistente Social tomará contato com o processo, e saberá com qual profissional da psicologia compartilhará o caso, ou, em casos externos, poderá atender sozinha(o) uma vez que o número de casos agendados extrapola a quantidade de profissionais disponíveis para o atendimento.

Assim, no dia do atendimento, a(o) Assistente Social tem acesso ao processo cujo caso lhe foi designado e, a partir disto, realiza a leitura de forma dividida com a psicóloga, quando se trata de um processo físico. Sendo processo digital (o que vem acontecendo com os processos que deram entrada no Fórum a partir de 2015), a leitura pode ser realizada simultaneamente pelas duas áreas de saber, via Sistema de Automação do Judiciário (e-Saj).

No momento da leitura dos autos, a(o) profissional tem acesso a todo o histórico do adolescente junto à Justiça. Ou seja, os documentos sobre o ato infracional, o histórico de cumprimento da medida socioeducativa (caso seja um adolescente já internado), os PIAs, os Relatórios de Acompanhamento e Conclusivo. Os dois últimos trazem os aspectos sociais, psicológicos, de saúde, pedagógicos do adolescente e de segurança no decorrer do cumprimento da medida de internação, a partir das abordagens dos técnicos de referência que acompanharam o adolescente.

Posteriormente, realiza-se o atendimento por meio de entrevistas que subsidiarão o Laudo Social que deverá ser anexado aos autos para que o juiz possa tomar a sua decisão. Além da análise da situação social em questão, as entrevistas podem colaborar para o mapeamento de novas demandas, sugerindo ou realizando a articulação da rede de serviços que conformam as políticas públicas necessárias à situação. Dentre os encaminhamentos à rede mais realizados pelas(os) Assistentes Sociais no ano de 2017, segundo a Estatística da Seção Técnica, 19% foram a Unidade Básica de Saúde, 18% ao CREAS, 17% ao CAPS, 13% ao CRAS, 10% ao CAPSAD e 4% a Instituição de Acolhimento.

É possível que a(o) Assistente Social perceba a necessidade de uma nova entrevista e solicite um novo atendimento, o que implicará em acúmulo de trabalho, pois esse novo atendimento, chamado de "retorno", será acrescido aos processos diários já agendados.

Como os processos são atendidos pelas(os) profissionais do Serviço Social e da Psicologia no mesmo dia, prevê-se a discussão interdisciplinar de todos os casos. Contudo, observa-se que essa discussão é feita com dificuldade quer em razão do fluxo de trabalho que compromete inclusive os encontros entre os profissionais, quer pela dificuldade em estabelecer uma análise aprofundada de cada área de conhecimento que acaba por simplificar a discussão à sugestão que será dada: favorável ou desfavorável à desinternação do adolescente.

Iamamoto (2009, p. 291) refere que nesse momento de troca, não se trata de diluir as especificidades para se chegar a uma unidade, ao contrário, se trata de reafirmar a particularidade do ângulo que a formação permite enxergar a situação e propor ações e, a partir do conhecimento do outro, rediscutir o seu lugar e encontrar possibilidades de atuação interdisciplinar. Portanto, são as "diferenças de especializações que permitem atribuir unidade à equipe, enriquecendo-a e (...) preservando as diferenças (...) a equipe condensa uma unidade de diversidades".

Assim, o trabalho interdisciplinar exige por parte de cada profissional ciência e fortalecimento da identidade profissional, sem diluir as especificidades profissionais, como propulsores do trabalho conjunto, requerendo que seja mantido o "compromisso ético e o respeito às prescrições da Lei da Regulamentação da Profissão" (Iamamoto, 2009, p. 292).

Posterior ao atendimento, a(o) Assistente Social elabora o laudo social, cujo prazo para entrega é de dez dias corridos, passível de prorrogação mediante justificativa. A cada nova "peça" encartada nos autos e aqui considerando também a produção do Serviço Social, inicia-se novo trâmite processual, abrindo-se vistas aos operadores jurídicos: promotor, defensor e ao juiz. Esse trâmite pode durar em média 30 dias, ou seja, o Serviço Social, assim como a psicologia, fazem diretamente parte do tempo processual.

No Poder Judiciário, o trabalho da (o) Assistente Social ocupa o lugar da perícia social, meio pelo qual a(o) profissional deve opinar sobre determinada situação, sendo o laudo social o instrumento que permite atingir essa finalidade. Os laudos emitem análise e interpretação técnica de acontecimentos vividos pelos sujeitos e essas informações se transformam em saberes já que são afirmativas de quem tem conhecimento e "autoridade" para fazê-las.

Esse saber significa poder, na medida em que guiará o juiz na tomada de decisão a respeito da vida daquele usuário. No caso em questão, a expectativa dos juízes é que seja oferecido um parecer sobre qual medida socioeducativa atende melhor as necessidades do adolescente naquele momento. Mover-se entre uma determinação judicial por vezes permeada de intenções punitivistas dos operadores do Direito, o compromisso ético-político do fazer profissional e a garantia dos direitos dos usuários atendidos, prioritariamente adolescentes, jovens e suas famílias, se coloca como um desafio cotidiano ao trabalho profissional.

O trabalho técnico é finalizado com a devolução do processo, quer físico ou digital com o devido laudo, o preenchimento do Livro de Carga e Descarga dos Processos da Seção do Serviço Social, do Sistema de Automação da Justiça, liberando-se a consulta para os demais profissionais inseridos no processo — defensor, promotor e juiz. Por fim, cabe o preenchimento da Estatística da Seção de Serviço Social.

Todos os adolescentes liberados da medida de internação são entregues aos seus responsáveis mediante assinatura de Termo de Entrega. Aqueles com indicação de cumprimento de medida socioeducativa em meio aberto são orientados a comparecer nos serviços que as oferecem em data já designada para darem início à nova medida. A partir desse momento, os pais tornam-se responsáveis pelo atendimento do adolescente às determinações judiciais, seja para cumprimento de medida socioeducativa ou para conduzir às medidas protetivas através da referência na rede de serviços disponíveis pela mediação das políticas públicas.

É importante registrar a ausência de programas de acompanhamento de adolescentes e jovens pela rede de políticas públicas após o cumprimento da medida socioeducativa. Essa lacuna leva, por vezes, à manutenção do vínculo desses adolescentes ou jovens ao Poder Judiciário, através de medidas socioeducativas menos gravosas, submetendo-os aos constrangimentos e aos aspectos coercitivos inerentes às mesmas.

Considerando que os aspectos da estrutura física da instituição dizem muito sobre as relações estabelecidas com os usuários, algumas observações podem ser realizadas. A princípio, sobre questões de segurança, por vezes extremadas, que induzem a um ar de periculosidade generalizada em relação aos adolescentes e suas famílias.

De forma geral as relações estabelecidas entre funcionários e usuários são assimétricas, pois, desde o início do processo, ainda na fase de apuração do ato infracional, já se reafirmam as hierarquias que estigmatizam o adolescente, sendo o processo de atendimento permeado por condutas ostensivas cujo significado é o desejo de punir.

O espaço interno não comporta a movimentação do público a que se destina e por isso, faça sol ou chuva, tenha condições físicas ou não, as famílias aguardam o horário de entrada no Fórum do lado de fora, em pé, em fila ainda que o atendimento não seja feito por ordem de chegada.

Por motivo de segurança é proibida a entrada de qualquer familiar portando sacolas que contenham roupas ou alimentos. Ocorrendo isso, esses itens precisam ser dispensados no lixo caso os usuários não possuam quem os guarde, tendo em vista que o Fórum não possui guarda volumes. Externamente e independente às dependências do Fórum há uma pessoa que presta serviço de acondicionamento como guarda-volume pelo qual cobra R$10,00 (valor referente ao ano de 2018).

Embora a ETJ conte com 16 salas de atendimento divididas entre as equipes de Serviço Social e psicologia elas precisam ser revezadas, pois não há salas para a Equipe toda.

No decorrer das entrevistas, importuna também o ruído de vozes, que segundo Delia e Seligmann-Silva (2014, p. 48) "representa o incômodo para a concentração e o isolamento acústico necessários nas atividades que envolvem a privacidade das entrevistas", o que também repercute diretamente no "trabalho intelectual na elaboração de laudos, de relatórios e a análise de processos". Delia e Seligmann-Silva (2014) apontam também como fontes de risco para as(os) trabalhadoras(es) os fatores biológicos (poeira, fungos, bactérias), iluminação, ventilação e a escassez de equipamentos de trabalho suficientes, o que pode ser facilmente identificado no FVEIJ.

Houve movimentação das Seções Técnicas em 2015, por meio de Ofício para o Presidente do Tribunal de Justiça, solicitando análise e estudo do espaço destinado ao atendimento psicossocial, a fim de redimensioná-lo, tornando-o adequado às exigências dos respectivos Conselhos profissionais, sugerindo-se também a mudança de material das divisórias. O Setor de Engenharia procedeu à inspeção, contudo, não aprovou a alteração por incompatibilidade do espaço ao que estava sendo sugerido e porque havia uma previsão de reforma predial que foi iniciada em 2016 (de fato a reforma ocorreu, contudo, as dependências da ETJ não foram contempladas).

Em fevereiro de 2016, as temperaturas do verão fizeram com que a ETJ solicitasse 16 ventiladores. Só recebeu uma unidade sob a justificativa de que a estrutura elétrica do prédio não permite a instalação de ventiladores ou condicionadores de ar nas salas individuais. Em épocas mais quentes, as trabalhadoras têm utilizado ventiladores portáteis, comprados por conta própria.

A falta de espaço físico, de condições adequadas e de equipamentos suficientes aliadas a grande demanda de trabalho, fazem com que, em busca de melhores condições de produção dos laudos, as(os) trabalhadoras(es) acabem por recorrer a espaços externos ao FVEIJ para realizá-lo, ocasionando o prolongamento da jornada de trabalho, sendo esse o contexto típico do Tribunal de Justiça de São Paulo. (Delia e Seligmann-Silva, 2014)

A despeito dessas defasagens, as relações hierárquicas e estanques entre os setores imprimem uma constante pressão para o cumprimento de prazos, esmorecendo os investimentos técnicos dedicados a cada processo, podendo reduzir o agendamento de retornos e os contatos com a rede de atendimento, que exigem tempo.

Ainda que o volume de trabalho se mantenha numa curva crescente, o que faz com que as agendas de atendimentos já estejam comprometidas para cerca de dois meses à frente, a contratação de recursos humanos é exígua e nunca consegue suprir a defasagem ampliada em razão de aposentadorias e remoções.

Todo esse contexto exige do profissional alto investimento técnico em cada caso atendido, tendo em vista o curto prazo para a produção dos laudos e as condições insatisfatórias de sua execução.

Para além das condições físicas necessárias, as circunstâncias de trabalho estão também relacionadas à capacidade do profissional desenvolver suas atividades de modo ético e de atender os seus deveres profissionais na relação que estabelece com o usuário (Código de Ética Profissional, artigo 5º).

Considerações em relação ao cotidiano de trabalho sinalizam a necessidade de lidar com a angústia e a impotência diante de uma situação extrema tendo em vista a complexidade e a imediaticidade que caracterizam o trabalho. A carga de trabalho, tanto em quantidade de processos como em emoções advindas dela, causa impactos nem sempre perceptíveis em curto prazo, cujos desdobramentos podem se manifestar em doenças físicas e psíquicas. Tem sido um tema recorrente nos espaços de trabalho e também nas pautas de reivindicações trabalhistas questões como assédio moral e adoecimento, em razão do desgaste no trabalho, mas ainda faltam canais coletivos para o enfrentamento dessa questão.

Delia e Seligmann-Silva (2014, p. 61) apontam que as(os) trabalhadoras(es) do Tribunal de Justiça de São Paulo precisam lidar com

> o mal-estar produzido por constrangimentos que esmagam valores de profundo significado, dor psíquica e, muitas vezes, vivência de impotência diante do sofrimento humano e de dilemas éticos que emergem em situações complexas e muitas vezes dramáticas.

Nesse processo, outro elemento que emerge é a perda do sentido do trabalho para aqueles que o realizam, tendo em vista que

> fragilizando-se o reconhecimento social e a valorização simbólica, mina-se a autoestima, sendo atingidas [...] as identidades individual e coletiva, bem como a dimensão ética e a dignidade — o cerne do ser humano. (Franco, Druck, Seligmann-Silva, 2010, p. 232)

Esses aspectos também se relacionam com a autonomia profissional, sempre relativa, que impossibilita a impressão de

> uma direção social ao exercício [profissional] moldando o seu conteúdo e o modo de operá-lo [dependendo...] da correlação de forças econômica, política e cultural em nível societário e se expressa, de forma particular, nos distintos espaços ocupacionais. (Iamamoto, 2008, p. 128)

À ETJ se acresce a carga emocional decorrente do atendimento diário de situações de violências, negligências, frustrações, impotência e tantas outras emoções. Os atendimentos dão margem para abordar assuntos que causam muito sofrimento nos entrevistados, e, em alguns casos, o profissional é o depositário das suas esperanças ou de suas frustrações (Fávero, 2012), ficando a(o) Assistente Social permeável a essas emoções durante a maior parte do expediente.

Por isso, o trabalho cotidiano exige das(os) trabalhadoras(es) um envolvimento subjetivo muito intenso, pois se entremeiam em histórias de extremo sofrimento, das quais, frequentemente, a intervenção se sujeita ao próprio espaço que o Poder Judiciário ocupa dentro dos três Poderes.

Nesse contexto torna-se relevante refletir sobre as dimensões técnico--operativa e ético-política da profissão.

3.3. As dimensões técnico-operativa e ético-política

Os instrumentais materializam o percurso teórico-metodológico e servem como instrumento político, traduzindo a direção profissional e a postura investigativa como mediações que podem transformar a requisição institucional (normativa exclusivamente jurídica) em demanda profissional, contextualizada a partir das relações estabelecidas pelos usuários em suas histórias de vida.

O lugar que o profissional ocupa na organização da instituição, historicamente forjado (Alapanian, 2008), e a própria natureza dessa instituição, são questões que contribuem para que a potência da herança conservadora no exercício profissional persista. O atendimento de uma demanda social materializada no corpo de um processo, de modo particularizado, impõe um risco constante de fragmentação, pois o que se evidencia, em primeiro plano, é a questão jurídica, prejudicando a leitura da expressão da questão social que a gerou.

Dessa forma, se a leitura de totalidade não é realizada, a direção do trabalho profissional, materializada no saber-poder que os instrumentos técnico-operativos exprimem, tenderá a reproduzir visões parciais e fragmentadas, reafirmando a discriminação e perpetuando a situação de exclusão, tão comum ao ambiente do Judiciário.

Assim, a(o) Assistente Social pode, por meio dos seus instrumentos, culpabilizar o sujeito, contribuindo para o controle e o disciplinamento, esvaziando as contradições que as condições socioeconômicas do modo de produção capitalista impõem a esses adolescentes. Dessa forma, restringindo-se a uma abordagem individualizadora e distante da compreensão de que o vivido por esses sujeitos nas relações sociais condensa dimensões universais, singulares e particulares, como aponta Iamamoto (2008).

Subsidiando a decisão judicial com as informações sociais, os instrumentos técnico-operativos das(os) Assistentes Sociais servem tanto de mediação para o andamento processual como de subsídio para a avaliação do adolescente pelos operadores do Sistema de Justiça.

Se a atuação profissional preocupa-se em respondê-la na sua imediaticidade, sem fazer a leitura da totalidade amparada nos aportes teóricos, as respostas possíveis, conforme Guerra (2014, p. 83-84) estarão "direcionadas ao ajustamento dos sujeitos, sua adaptação ou ressocialização". Atuando dessa maneira, reproduz-se um comportamento instrumental a partir do qual impera a repetição e o espontaneísmo ao responder imediatamente às situações, restringindo-se à eficácia dos fins. (Guerra, 2014)

No Judiciário, os instrumentos técnico-operativos intermedeiam a fala dos sujeitos, pois interpretam os acontecimentos vividos por esses, apontando para a importância da linguagem escrita profissional.

Para isso, a postura do profissional deve ser investigativa, considerando que está inscrita numa disposição do profissional em olhar a situação que lhe é apresentada como nova, a despeito de todas as informações que previamente se tenha sobre ela e das generalizações próprias do agir cotidiano. Assim, existe uma responsabilidade ética do profissional que assume a condição de mediador do fato vivido pelo sujeito através da interpretação e análise que apresentará aos agentes que têm o poder de decidir no espaço do Judiciário. Ou seja, relevante se faz o devido uso do conteúdo.

Outro aspecto a ser considerado é que os instrumentais da linguagem escrita chegam aos juízes sem a presença das(os) respectivas(os) profissionais e necessitam, portanto, expressar o que de fato se quis dizer. Considera que, quanto mais fundamentado mais credibilidade recebe a informação que ele contém e mais confiança a profissão adquire no cenário institucional.

O prazo de 10 dias para a entrega da produção técnica do Serviço Social advinda do atendimento do adolescente e da família pela ETJ aliada à amplitude do território atendido pela ETJ que corresponde a toda cidade de São Paulo (79%), Grande São Paulo (20%) e, por vezes, até outros estados (1%) e a falta de viatura, tendo em vista que ao requisitá-la é preciso respeitar a prioridade da agenda dos juízes, são fatores dificultadores para que as(os) Assistentes Sociais optem por outros tipos de instrumentos e técnicas de trabalho, por exemplo, visitas domiciliares. Diferente dos mais utilizados que, conforme Estatística do Serviço Social (2017), são: 31% entrevistas, 21% discussão interdisciplinar (entre o Serviço Social e a psicologia) e 17% de estudo bibliográfico, que são utilizados para embasar teoricamente as sugestões profissionais.

Ou seja, ainda que seja assegurada à equipe interprofissional a autonomia do ponto de vista técnico, essa é subordinada do ponto de vista administrativo à autoridade judiciária (ECA, artigo151). Uma questão relevante é que por vezes a autoridade administrativa extrapola para a técnica, tendo em vista que define também a demanda que será encaminhada para o Serviço Social.

Como já abordado, no FVEIJ a(o) Assistente Social assume o espaço de perita(o) judiciária(o). A perícia social é reconhecida pela Lei de Regulamentação da Profissão como atividade privativa da(o) Assistente Social e ela não se confunde com o estudo social, à medida que "pode ser considerada como um processo através do qual um especialista, no caso, o(a) Assistente Social, realiza um exame de situações sociais com a finalidade de emitir um parecer sobre a mesma". (Mioto, 2001, p. 146) A autora ainda aponta que "perícia é palavra derivada do latim *peritia,* que significa conhecimento adquirido pela experiência e resulta em saber, talento e perícia." (Mioto, 2001, p. 146)

Considerando a organização do trabalho da(o) Assistente Social no FVEIJ, ao atender adolescentes no pós-conclusivo, esse realiza, em geral, apenas uma entrevista com ele e com os seus responsáveis. Portanto, a(o) profissional precisa estar atenta(o) para que

> os seus registros documentais não sejam realizados a partir das primeiras impressões, do imediato, do que é posto aos olhos — sem que (...) avaliem as consequências do saber-poder presentes nas suas ações. (Fávero, 2011, p. 30)

A entrevista, segundo Magalhães (2011, p. 48)

> implica relacionamento profissional em todos os sentidos: na postura atenta e compreensiva, sem paternalismos; na delicadeza do trato com o usuário do serviço, ouvindo-o, compreendendo-o e, principalmente, enxergando-o como sujeitos de direitos.

A autora sinaliza ainda que, no decorrer da entrevista, a(o) profissional deve observar as linguagens expressadas, porque essas aparecem

> também por gestos, olhares, tom de voz, o que implica atenção e cuidado do[a] profissional no momento da entrevista. Além do mais, silêncios também são diálogos que comunicam mensagens. (Magalhães, 2011, p. 49)

Todos os dias, as(os) assistentes sociais recebem novo processo, com atos infracionais semelhantes, famílias e adolescentes de perfis muito próximos, despachos padronizados, discursos institucionalizados, configurando um contexto que lhe parece repetido e propício a *ultrageneralizações,* que, segundo Heller (1972), são juízos provisórios utilizados para fazer as análises imediatas do cotidiano a partir do acúmulo de informações que já se possui. São perigosas porque se corre o risco de antecipar uma análise em razão de a situação ser muito semelhante a outras já vivenciadas. Esse mecanismo, segundo a autora, pode fazer com que o profissional desconsidere a particularidade de cada sujeito sobre a realidade em que vive e, caso se cristalize, transforma-se em preconceitos. Manter-se atento e com posicionamento crítico à realidade que se apreende, é a maneira mais profícua de captar o novo e único de cada situação.

Considerando que o estudo social se coloca como etapa fundamental para o conhecimento da realidade vivida pelos sujeitos atendidos pelo Serviço Social, o contato com o usuário torna-se então um momento privilegiado do cotidiano profissional, pois possibilita trocas. Um lugar onde é possível conhecer, refletir, orientar, encaminhar. E adquire um sentido interventivo.

Segundo Iamamoto (2009, p. 289), o estudo social é

> um momento fundamental, visto que sustenta a formulação do laudo social e a emissão do parecer técnico final. Configura-se como um processo investigativo que se propõe ao conhecimento criterioso de uma determinada situação vivenciada, identificando as múltiplas condições e relações sociais que a constituem, devendo ser desenvolvido em conformidade com os princípios éticos, na perspectiva do atendimento e defesa dos direitos dos sujeitos envolvidos. Sua efetivação requer clareza quanto à finalidade almejada, o conhecimento da matéria em questão e a eleição do conjunto de recursos para a operacionalização do trabalho profissional [...].

Dessa forma, o estudo social é uma atribuição da(o) assistente social presente no cotidiano da profissão desde o seu surgimento, pois é o meio através do qual a(o) profissional analisa determinada situação, fazendo parte da sua atividade em qualquer instituição.

Posterior ao estudo, o laudo social é a finalização de um longo percurso percorrido pela(o) profissional, iniciado com a coleta de informações durante as entrevistas, a sistematização e a análise dos dados que permitem a conclusão. A construção da análise ancora-se em referenciais teóricos que sustentam a prática profissional, sendo mais consistente a sua interpretação quanto maior a competência teórico-metodológica da(o) profissional. O laudo é o produto do estudo e organiza as informações mais importantes, devendo conter um parecer como síntese e uma conclusão crítica na qual a(o) profissional precisa se posicionar acerca da questão. (Fávero, 2014).

O laudo social, que é o instrumento técnico-operativo mais utilizado pela ETJ em 2017, correspondendo a 91%, "registra por escrito, e de maneira fundamentada, os estudos e as conclusões da perícia". Magalhães (2011) aponta que o laudo denota um estudo mais aprofundado, que contém parecer fundamentado sobre determinado tema ou problemática.

Ainda segundo a autora, o laudo "precisa ir além do descrito, pura e simplesmente. Suas considerações extrapolam o descritivo e situam-se na análise feita". (Magalhães, 2011, p. 67)

Embora restrito a um processo, o laudo social expressa uma dimensão de totalidade, pois os sujeitos, embora únicos, exprimem a coletividade de sua classe social com todas as determinações sociais que incidiram e incidem sobre ela. Dessa forma,

> um dos desafios é atribuir visibilidade e transparência a esses sujeitos de direitos: o seu modo de vida, cultura, padrões de sociabilidade, dilemas de identidade, suas necessidades e suas lutas pelo reconhecimento efetivo da cidadania, seus sonhos e esperanças. (Iamamoto, 2009, p. 265)

Para Guindani (2002, p. 45, *apud* Iamamoto, 2009, p. 290),

> o laudo social requer um conhecimento teórico-prático, que vai além da mera "classificação" ou "enquadramento" das situações e sujeitos identificados, o que exige consistência teórica e solidez de argumentação sobre as expressões da questão social expressas na vida dos sujeitos. Supõe reconhecer o direito dos sujeitos de participarem ativamente no processo de estudo, resguardando-se o sigilo profissional.

Dessa forma, na elaboração do laudo, as(os) profissionais pautam-se, entre outros aspectos, na história de vida do adolescente e em suas relações com grupos de convivência familiar e social; seu envolvimento com atividades escolares e o mundo do trabalho; sua situação familiar, verificando-se os vínculos existentes, os papéis desempenhados, as figuras de autoridade e o funcionamento da família como grupo, além de sua capacidade para contribuir com aquele momento de vida do adolescente ou como agente dificultador para tanto; os aspectos vinculados ao ato infracional, como gravidade, circunstância do envolvimento e qual o significado dessa ação na sua vida pregressa e futura e de que maneira ele a ressignificará; o contexto sociocultural e o grau de influência na conduta do adolescente e os recursos da comunidade disponíveis para contribuir no processo de acompanhamento do jovem.

Percebe-se que há supervalorização, dos juízes, do parecer técnico como parte final do laudo social, em detrimento do estudo social. O parecer, em geral, indica a sugestão técnica que está sendo aguardada para que o processo tenha andamento e receba resposta jurídica. Não deve ser compreendido como uma peça à parte, um instrumento burocrático e fragmentado do corpo do laudo, mas sim o resultado de trabalho profissional compromissado e competente que sinaliza as lacunas e os nexos que unem as circunstâncias e que culminam na prática infracional.

O que está sendo ali tratado pelo Judiciário na forma de um processo relacionado a um sujeito, é, na verdade, a representação de uma questão mais complexa, do plano estrutural. Isso não quer dizer que não se deve apontar questões imediatas, mas o "grande desafio que se faz ao profissional é o da superação dessas imposições da cotidianidade. Sem deixar de responder aos desafios emergentes do cotidiano (...)". (Baptista, 1992, p. 90)

E, é importante ressaltar que, a despeito da urgência da demanda, o que diferencia uma prática imediatista não é o tempo para a sua resposta, mas a intencionalidade que lhe é impressa, pois "toda prática, mesmo a mais utilitária e cotidiana, contém em si uma referência à consciência, uma vez que a intencionalidade precede objetiva e cronologicamente a intervenção". (Baptista, 1992, p. 90)

Informação importante para quem atua no Judiciário é que o laudo pode ser um elemento de "prova", já que é uma das peças juntadas aos autos com a finalidade de alcançar a "verdade" ou "prova", inclinando-se "numa direção coercitiva e disciplinadora da ordem social". (Fávero, 2014, p. 27)

Como já apontado, conforme Estatística da Seção de Serviço Social do FVEIJ referente ao ano de 2017, os estudos bibliográficos realizados pelas(os) Assistentes Sociais na elaboração de suas produções correspondem a 17%. Reafirma-se a necessidade e a importância em recorrer ao arcabouço teórico para tentativa de vislumbrar as mediações entre a aparência e a essência das expressões da questão social, valorizando as produções teóricas do Serviço Social e de outras áreas do saber.

Outra forma de registro e comunicação com o magistrado são as informações técnicas que correspondem a 6% na Estatística do Serviço Social (2017). Essas consistem em registros breves de algum procedimento como novas entrevistas ou discussões com profissionais da rede de atendimento, pedidos de prorrogação de prazo ou informação de não comparecimento do adolescente e/ou dos responsáveis no agendamento com a ETJ.

Além das manifestações escritas, as manifestações verbais ocorrem por determinação judicial de participação em audiências que correspondem a 3% na Estatística da Seção de Serviço Social de 2017. Em geral, nessas audiências, além da ETJ, encontram-se os profissionais da equipe de referência do adolescente na Fundação CASA, os responsáveis pelo adolescente, o promotor e o defensor público.

Dessa forma, observa-se que para fazer valer o direcionamento ético-político dos instrumentos e técnicas profissionais, exige-se que a(o) Assistente Social reflita sobre o seu cotidiano de trabalho e que, estrategicamente, identifique espaços de atuação profissional.

3.4. Frentes de trabalho da Equipe Técnica do Judiciário

Um dos desafios mais significativos para qualquer área de atuação profissional é a articulação com a rede de serviços. Contudo, para as(os) Assistentes

Sociais do FVEIJ esse se torna ainda maior pela área de abrangência que esse Fórum atende. Como já abordado, o FVEIJ é o único Fórum, em âmbito nacional, que detém Varas Especializadas ao atendimento de adolescentes em conflito com a lei, mantendo, portanto, atendimento desterritorializado de toda a cidade de São Paulo.

Conhecer a rede de serviços, as possibilidades e os problemas de cada região da cidade tem sido realizado caso a caso, estreitando, eventualmente, contato com alguns serviços. Contudo, somando-se outros complicadores, como a alta demanda de trabalho e o alto tempo destinado para cada processo, pode-se dizer que essa articulação é mínima. Esse é um desafio que merece estratégia ampliada, posto que os serviços da rede também estão desvinculados entre si, retratando a fragilidade das políticas de proteção social, o que pode trazer à(ao) Assistente Social uma sensação de isolamento e engessamento.

Diante da rotina tal como organizada, a possibilidade de discutir um caso com outros atores da rede está restrita à interpretação e necessidade de cada profissional. As ocasiões em que isso não ocorre se devem, em geral, à dificuldade de compatibilizar essa atividade com o tempo disponível para a conclusão do estudo, ficando a discussão restrita aos casos mais complexos. Algumas discussões ocorrem por telefone, contudo, por vezes, nem isso é possível, pois há dificuldade em conciliar os turnos de trabalho entre os profissionais e, muitas vezes, a necessidade de um caso acaba sendo sobreposta pela urgência do outro que acabou de ser atendido.

Dessa forma, dentre as atividades realizadas e sistematizadas pelas(os) Assistentes Sociais do FVEIJ no ano de 2017, conforme Estatística da Seção, 76% corresponderam a atendimentos processuais; 5% a reuniões de equipe e participação em cursos promovidos pelo Tribunal de Justiça; 4% participação no Grupo de Trabalho INFRA/Adolescente em conflito com a lei, Grupos de Estudos e Comissões; 2% eventos externos e 1% Projeto Iluminar Juvenil. Esses serão abordados na sequência.

Partindo desse mapeamento e considerando que os desafios também se configuram como demanda, a ETJ organiza em 2015 Comissões de Trabalho, reconhecendo que

> importa considerar as características específicas que as expressões da Questão Social assumem aos níveis regionais, estadual e municipal e as alterações sócio-históricas que nelas vêm se processando, também em função das formas coletivas com que possam estar sendo enfrentadas pelos sujeitos envolvidos. (Iamamoto, 2005, p. 100)

A Comissão Diálogos com Redes partiu de propostas sobre a ampliação das possibilidades de trabalho profissional depois de uma reunião da Equipe Técnica com a juíza corregedora, quando foram apresentadas e aprovadas, além dessa, outras 3 Comissões de Trabalho. A princípio, essas ações foram compreendidas como demandas de trabalho, ou seja, conduzidas no horário de expediente. Contudo, a longo prazo, isso não se sustentou, impondo-se a pressão institucional que absorveu a capacidade total da agenda.

Dessa forma, essa Comissão tem como objetivo geral reconhecer a rede de proteção social e do movimento político-organizativo territorial, bem como promover a aproximação da ETJ com as redes regionais e com as equipes técnicas das Varas de Infância e Juventude da capital. Dentre os objetivos específicos, pretende conhecer os serviços para além da tipificação oficial; compreender como os serviços atuam e enfrentam as demandas; mapear indicadores sociais da região; articular-se com as outras frentes de trabalho da Equipe Técnica (incluindo outras Comissões de Trabalho e outros grupos profissionais); interagir com as várias políticas públicas setoriais e incluir a participação dos sujeitos sociais (sociedade, comunidade e famílias).

Outra Comissão de Trabalho é nomeada de Travessia Protetiva: explorando rumos, propõe-se a pensar o atendimento dado ao adolescente privado de liberdade, cujas famílias ou responsáveis encontram-se, temporária ou definitivamente, impossibilitados de cumprir sua função de cuidado e proteção.

Ela também surgiu de demandas observadas no cotidiano de trabalho, objetivando contribuir para a construção de uma rede de atendimento, cuidado e proteção, aos egressos maiores de 18 anos da Fundação CASA sem vínculos familiares.

Dentre os objetivos específicos dessa Comissão, destaca-se a proposta de estabelecer um espaço de diálogo com a Fundação CASA e com a Secretaria Municipal de Assistência e Desenvolvimento Social quanto às demandas apresentadas pelos adolescentes que não dispõem de família para assisti-los; de auxiliar no estabelecimento de um fluxo de atendimento que permita aos serviços que acompanham o jovem privado de liberdade a possibilidade de reinserção social de forma gradativa e protetiva e de identificar a rede responsável pelo atendimento do adolescente que não dispõe de retaguarda familiar.

A terceira Comissão de Trabalho, Saberes e Fazeres, foi inserida no campo da aprendizagem e da formação continuada, relacionada à dimensão do saber e do saber fazer. Tem como objetivo geral contribuir com a qualificação do trabalho de Assistentes Sociais e psicólogos que atuam no FVEIJ, bem como outros profissionais que trabalham no Sistema de Garantia de Direitos. Seus objetivos específicos são propiciar não só a transmissão de conhecimento, mas, sobretudo, o desenvolvimento de condições para a construção de saberes; promover contato entre diferentes instituições que atendem os adolescentes em conflito com a lei, favorecendo a intersetorialidade, a troca de saberes e experiências entre profissionais; fomentar a formação continuada dos diversos profissionais que atuam no âmbito do sistema socioeducativo, proporcionando alinhamento conceitual e ampliação do repertório ético-político; e por fim, contribuir com a reflexão que resulte na melhoria do trabalho prestado.

A última Comissão de Trabalho, a Supervisão Profissional, construiu uma proposta de supervisão técnica para Assistentes Sociais e psicólogos que atuam no FVEIJ, esclarecendo sobre a importância desse recurso na qualificação do trabalho prestado pelos profissionais. Assim, trouxe como objetivo geral qualificar e aprimorar o trabalho das equipes técnicas, possibilitando a reflexão e a apropriação dos conhecimentos produzidos por meio da atuação profissional, reafirmando a relação e a unidade teórico-prática. Dentre os objetivos específicos, visava compartilhar experiências de trabalho, promovendo questionamentos e reelaboração das vivências; fomentar a construção continuada de conhecimentos, reafirmando a indissociabilidade entre trabalho e formação profissional; identificar os componentes teóricos, éticos e políticos que permeiam a compreensão do significado social do Serviço Social e da psicologia, conectando os projetos profissionais ao projeto de sociedade; e, por fim, reconhecer as dificuldades e potencialidades das equipes de trabalho, refletindo sobre as relações constituídas e constituintes, e buscar melhorias na comunicação entre os parceiros institucionais.

Essa comissão encerrou suas atividades enviando uma Proposta de Supervisão Profissional, através da juíza corregedora do FVEIJ, à Escola Judicial dos Servidores do Tribunal de Justiça de São Paulo (EJUS), não tendo sido aprovada.

Outra nova frente de trabalho importante é o Projeto Piloto, que, no decorrer do ano de 2017, conforme Estatística da Seção Técnica do Serviço Social, correspondeu a 6% dos atendimentos. O Projeto Piloto surgiu como sugestão da ETJ de forma a contribuir no decorrer do cumprimento da medida socioeducativa cumprida pelo adolescente e é realizado em parceria com a entidade executora da medida, a Fundação CASA.

O projeto, conforme documento interno produzido pela Equipe Técnica de Serviço Social e nomeado como Avaliação do Projeto Piloto (2017), traz o potencial de "adensar maior significado ao trabalho realizado, estabelecendo propostas em conjunto com os profissionais da Fundação, com vistas a fortalecer o olhar e a condução, sob o ponto de vista técnico, dos trabalhos com os adolescentes, com as famílias ou com os responsáveis, zelando pelo cumprimento de ações conjuntamente definidas no âmbito de ambas as instituições".

Dessa forma, em 2015, a juíza corregedora do FVEIJ iniciou a implementação do Projeto Piloto. Inicialmente, as chefias do Serviço Social e da Psicologia atenderam 3 casos no decorrer do cumprimento da medida de internação de modo a colaborar na elaboração do PIA e, consequentemente, nos encaminhamentos ao cumprimento das medidas pelos adolescentes.

Em 2016, no segundo semestre, outros casos foram encaminhados à ETJ, o que fez com que o restante da Seção Técnica do Serviço Social, para além das Chefias, fosse envolvido no Projeto.

Na avaliação, aponta-se uma tentativa de alargamento e reafirmação da autonomia profissional perante a relação hierarquizada existente no Judiciário, e também o desenvolvimento de um trabalho técnico interinstitucional, desmistificando a função exclusiva de perito da(o) Assistente Social do FVEIJ.

Os técnicos de referência do adolescente na Unidade de internação são chamados a discutir o caso conjuntamente, vislumbrando alternativas de trabalho durante a medida de internação, buscando uma construção coletiva entre as duas equipes — do Judiciário e da Fundação CASA. Ambas se tornam partícipes do processo, de forma horizontalizada e não hierarquizada.

Até o momento, passaram por esse Projeto mais de quarenta processos, e uma nova avaliação quantitativa deve ser realizada em 2018, contudo, empiricamente, existe a percepção, entre as Equipes das duas instituições, de que ele vem sendo bem-sucedido.

Outra frente de trabalho se coloca por meio do Projeto de Justiça Restaurativa. No Brasil, a Justiça Restaurativa foi formalmente introduzida em 2004 por meio do Ministério da Justiça, juntamente com o Programa das Nações Unidas para o Desenvolvimento, tendo sido implementados 3 projetos pilotos, sendo um em São Paulo, na Comarca de São Caetano.

No FVEIJ, o projeto foi iniciado em 2006 como piloto, em parceria com a Secretaria de Educação, e foi desenvolvido até 2010 quando, por dificuldades operacionais e institucionais, sofreu retraimento. O foco de atuação foi direcionado ao ambiente escolar das Escolas Estaduais do bairro de Heliópolis (São Paulo-SP).

Entendia-se que as expressões de violência manifestadas na escola e que geravam boletins de ocorrência possuíam complexa gama de condicionantes, de modo que sua solução extrapolava a esfera de alcance da educação e deveriam também ser tratadas de modo não punitivo pela Justiça. Profissionais de ambas as instituições receberam treinamento conjunto e a expectativa era de que trabalhassem em parceria. (Terra e Rodrigues, 2012)

A Justiça Restaurativa traz a lógica da não punição, buscando a responsabilização do ofensor. O foco da intervenção não está na pessoa que cometeu o ato, mas, sim, nas causas que o provocaram e nos danos decorrentes dele, buscando-se espaços de diálogos entre os sujeitos. Entende-se que essa é uma maneira mais democrática de se aplicar a Justiça, em oposição à lógica de dominação e exclusão do modelo existente.

O fluxo de atendimento durante a primeira fase do Projeto (2006-2010) iniciava-se com a oitiva do adolescente no Ministério Público quando a prática restaurativa era apresentada (utilizou-se a metodologia de círculos restaurativos). Os casos elegíveis para esse projeto eram os de menor potencial ofensivo e aqueles com os quais os envolvidos tivessem algum vínculo. À ETJ, dirigiam-se os casos de concordância e então era organizado o círculo restaurativo. O adolescente e seus familiares eram orientados sobre os procedimentos, assinavam termo de concordância e elegiam outras pessoas significativas para participar do encontro (pessoas que de alguma forma foram atingidas direta ou indiretamente pelo fato danoso). Esses sujeitos eram procurados por telefone, e, se concordassem em participar, o encontro era agendado.

Esse encontro era orientado por passos que tinham a finalidade de estabelecer uma comunicação clara e objetiva entre os participantes no desvendamento das circunstâncias que levaram ao fato. O ideal era que o círculo restaurativo fosse encerrado com um acordo de reparação, construído coletivamente, agendando-se novo encontro para checar o seu cumprimento e o seu efeito reparador. Em caso de descumprimento, o acordo era reformulado.

No que se refere aos aspectos processuais, é importante esclarecer que, durante toda prática restaurativa, os autos permaneciam suspensos. O promotor procedia a oitiva do adolescente e sugeria o procedimento restaurativo, mas não oferecia representação à autoridade judiciária, o que somente seria feito caso o círculo restaurativo não conseguisse chegar a um acordo, devendo então o processo transitar nos moldes tradicionais. Em caso satisfatório de círculo, o processo era arquivado, evitando-se o percurso tradicional da judicialização.

Durante essa primeira fase do Projeto, foram atendidos 214 processos, com o círculo realizado em 57% dos casos, estimando-se que 1.080 pessoas participaram desses encontros. Na sua execução, alguns desafios foram sendo colocados, como a dificuldade de estabelecer um fluxo de atendimento, um recorte na demanda, dificuldade de aceitação pelos operadores do Direito, entre outros.

As(os) Assistentes Sociais traziam críticas em relação à dificuldade de operacionalizar a metodologia que previa articulação maior com a comunidade daqueles adolescentes e a rede de serviços, contudo, na prática, isso não ocorria, ficando o círculo restrito a eles e às suas famílias. Temia-se que essa abordagem pudesse resvalar em ações de cunho moralizante, dissimulando o conservadorismo tão comum nas práticas cotidianas do Judiciário. Esse temor fez com que o trabalho fosse conduzido com muito cuidado, considerando-se que a possibilidade de atuar de maneira ética está atrelada à capacidade de o profissional fazer a leitura correta da questão que está sendo tratada, e imprimir a ela essa direção.

Os obstáculos institucionais dessa primeira fase da implantação estavam associados ao conservadorismo e visão punitiva dos operadores jurídicos, em especial promotores e juízes, dos quais é necessária a anuência para que o processo transcorra pelo percurso restaurativo. Havia também dificuldades de conciliar as demandas convencionais da equipe com a nova demanda, o que muitas vezes implicava num acúmulo de funções.

Embora tenha ficado suspensa a Justiça Restaurativa no FVEIJ, o trabalho se refortaleceu institucionalmente e está sendo tratado por uma chefia técnica específica que organiza e acompanha a implantação de diversos projetos no Tribunal de Justiça.

Em 2005 a Escola Paulista de Magistratura (EPM) cria o Centro de Estudos de Justiça Restaurativa e, em 2011, o Núcleo de Pesquisa em Justiça Restaurativa, produzindo conhecimento na área e a formação de gestores e facilitadores de Justiça Restaurativa do Tribunal de Justiça. E ainda o Tribunal de Justiça do Estado de São Paulo realizou, em 2008 e 2013, capacitações por meio da EPM; em 2012 e 2016, elas foram realizadas pela Coordenadoria da Infância e Juventude, e, em 2015, pela EJUS.

Em 2012, criou-se a Seção Técnica de Justiça Restaurativa da Coordenadoria da Infância e Juventude do Tribunal de Justiça do Estado de São Paulo (Portaria n. 8.656/2012), de forma a articular a Justiça Restaurativa junto às Varas da Infância e Juventude do Estado. A função era de acompanhar a implantação da Justiça Restaurativa nas Comarcas que haviam iniciado o Projeto, com a realização de encontros bimestrais com os profissionais que atuam nessa área.

Também nessa época foi formado um Grupo Gestor da Justiça Restaurativa (Portaria n. 9.414/2017), composto por juízes dedicados ao tema e pela Assistente Social responsável pela Seção, todos integrantes da Coordenadoria da Infância e Juventude. Contou também, conforme consta na produção do Grupo de Estudos da Capital desta temática, com uma consultora da sociedade civil para a implementação e a expansão da Justiça Restaurativa no Estado.

O Provimento n. 35, de 2014, da Corregedoria Geral da Justiça do Estado de São Paulo, ajustado na sequência pelo Provimento n. 29 de 2015, dispôs sobre a implementação da Justiça Restaurativa no âmbito das Varas da Infância e Juventude.

Em 2015, o CNJ, por meio da Portaria n. 74, criou um Grupo de Trabalho com o objetivo de desenvolver estudos e propor medidas para contribuir com o desenvolvimento da Justiça Restaurativa no País. No mesmo ano, adveio a Meta 8 do CNJ, que previa a implementação de projeto com equipe capacitada para oferecer práticas de Justiça Restaurativa, implantando ou qualificando pelo menos uma unidade para esse fim até 31 de dezembro de 2016.

Em 31/05/2016, o CNJ publica a Resolução n. 225, que dispõe sobre a Política Nacional de Justiça Restaurativa no âmbito do Poder Judiciário e dá outras providências. Esse documento orienta a implantação da Justiça Restaurativa no Tribunal de Justiça de São Paulo, referendando o papel das equipes técnicas como profissionais habilitados a indicar processos para as práticas restaurativas.

Em 2016, com o processo de retomada da Justiça Restaurativa na cidade de São Paulo, vários atores da rede, incluindo aí Assistentes Sociais do

FVEIJ, foram sensibilizados para uma nova formação voltada para a região da Brasilândia/ Freguesia do Ó. Assim, o processo de Justiça Restaurativa apresenta-se mais uma vez como nova frente de trabalho.

No decorrer do ano de 2017, a Coordenadoria da Infância e Juventude do Tribunal de Justiça ofereceu dois cursos — Introdução em Justiça Restaurativa e Formação de Facilitadores em Processos Circulares. O primeiro teve a participação de 4 Assistentes Sociais da ETJ e o segundo, 2.

Nesse mesmo ano, no FVEIJ foi conseguido um espaço físico para a realização de pré-círculos e dos círculos, considerando que a metodologia utilizada atualmente é de Processos Circulares. No decorrer de 2017, segundo a Estatística da Seção de Serviço Social, 2% dos atendimentos corresponderam à Justiça Restaurativa. Até o início de 2018, foram encaminhados 9 processos para atendimento, com 19 pré-círculos e 3 círculos realizados.

Ainda que existam muitos desafios, ligados principalmente ao reconhecimento institucional, tendo em vista que muitos processos são conduzidos fora do horário de trabalho, a Justiça Restaurativa vem sendo implementada nesse espaço em função do reconhecimento de algumas Assistentes Sociais nessa forma de atuação, vislumbrando uma possibilidade de intervenção mais humanizada e democrática.

Além das Comissões de Trabalho, do Projeto de Acompanhamento e da Justiça Restaurativa, outros projetos de trabalho com caráter educativo, desvinculadas do andamento processual e com possibilidade de maior protagonismo dos adolescentes no ambiente forense, foram desenvolvidos.

O Primeiro trata-se do Projeto Iluminar Juvenil (Souza, Anaf, Silva, 2013), que teve sua primeira versão no ano de 2013. O trabalho tem o objetivo de abordar, junto aos adolescentes, temas voltados para a sensibilização dos valores sociais, o respeito ao próximo e ao exercício da cidadania. Utiliza-se de oficinas por meio da linguagem audiovisual e oral destinada aos adolescentes durante o aguardo dos trâmites processuais (oitivas, audiências, avaliações pela ETJ) no Setor de Recâmbio.

As abordagens privilegiam os pressupostos da individualização dos adolescentes, permitindo reflexão livre e independente de ideias, o que enriquece o debate, permitindo a variada vivência pela troca entre esses que se mostram abertos ao diálogo, ao processo de reflexão e à participação.

As atividades desse Projeto foram retomadas no ano de 2017 sob a responsabilidade de três Assistentes Sociais e como campo de estágio para estudantes do curso de Serviço Social.

O segundo é o ECOJOVEM — Espaço de Convivência e Orientação ao Jovem, que ocorre no Fórum desde 2013. Trata-se da sistematização de proposta de atuação junto aos adolescentes encaminhados ao Sistema de Justiça Juvenil em decorrência da sua relação com as drogas. Tem como objetivos discutir as diversas dimensões — pessoal, emocional, social e infracional, dentre outras — do uso de drogas; sensibilizar e preparar o adolescente e sua família para o reconhecimento da problemática, aceitando possíveis intervenções; fomentar o fortalecimento da rede social de apoio aos adolescentes envolvidos com drogas para o exercício da sua cidadania e a garantia de direitos.

A proposta original previa a participação de promotores, defensores e técnicos em parceria com serviços de saúde e grupos de ajuda mútua, em encontros coletivos com os adolescentes e seus familiares, contudo, não foi aprovada na íntegra. Atualmente, esse projeto atende ao público-alvo de adolescentes e familiares e/ou responsáveis que aguardam para as audiências por meio da realização de palestras dos Grupos de Apoio (Alcoólicos Anônimos, Narcóticos Anônimos, Amor Exigente e, dentre outros, Nar-Anon).

Considerando que para identificar, desenvolver e executar novas propostas de trabalho a formação continuada é fundamental, identificou-se os espaços para que isso ocorra. Importante salientar que a formação continuada garantida dentro do horário de trabalho é uma das lutas das(os) Assistentes Sociais que possuem, para além de eventos da categoria profissional, os espaços propostos pelo próprio Tribunal de Justiça para qualificação.

Destaca-se, segundo o próprio sítio do Tribunal de Justiça, que a EJUS, implantada pela Presidência do Tribunal de Justiça por meio da Portaria n. 8.965, de 2014, é destinada à valorização qualitativa dos recursos humanos existentes, capacitando os servidores para atuarem de forma eficiente, com perfil adequado às necessidades do serviço, proporcionando melhor ambiente de trabalho, tendo em vista a necessidade de integrar, formar, aperfeiçoar e capacitar de forma contínua os servidores do Tribunal de Justiça para o desempenho de suas funções.

Outro espaço é a EPM, que é órgão do Tribunal de Justiça do Estado de São Paulo e foi criada em 1988, em cumprimento ao preceito constitucional contido no artigo 93, inciso II, letra "c", e inciso IV, da Constituição Federal, em sua redação original. No âmbito estadual, sua regulamentação deu-se com a Resolução n. 24/88, do Órgão Especial do Tribunal de Justiça.

Desenvolve dois ramos de ensino: a formação continuada de magistrados (formação inicial e cursos de aperfeiçoamento) e os cursos abertos a toda a comunidade jurídica (pós-graduação, extensão universitária, cursos rápidos, seminários, palestras e outros eventos), visando ao aprimoramento do Judiciário como um todo. Tem como docentes magistrados da Justiça Estadual com vivência acadêmica e conta com a colaboração de ministros dos Tribunais Superiores, juristas e professores das melhores universidades do país, propiciando a reflexão e o diálogo a respeito dos mais diversos aspectos do Direito.

Desde a sua criação, conforme o próprio site aponta, a EPM apresenta crescimento constante, notadamente após a implantação em 2000 da Pós--graduação *lato sensu*. No mesmo ano, a Escola foi credenciada no Conselho Estadual de Educação, recebendo autorização para ministrar cursos de especialização. Tornou-se, assim, a única escola de magistratura do Brasil a realizar cursos próprios de pós-graduação, que passaram a ser oferecidos regularmente, atendendo a magistrados, promotores de Justiça, advogados, delegados, procuradores, defensores, funcionários do Judiciário e outros profissionais do Direito. A programação multidisciplinar da Escola abrange também cursos de extensão universitária, seminários, ciclos de palestras, encontros e outros eventos, alguns promovidos em conjunto com a EJUS.

Já o Núcleo de Apoio Profissional de Serviço Social e Psicologia, subordinado à Corregedoria Geral da Justiça, foi criado pela Portaria n. 7.243, de 2005, publicada no Diário Oficial da Justiça, de 9 de junho de 2005. Tem como objetivos normatizar e orientar procedimentos técnicos realizados nas Varas da Infância e da Juventude e nas Varas da Família e das Sucessões, oferecer assessoramento teórico-metodológico e operativo aos Assistentes Sociais e psicólogos judiciários e subsidiar instâncias da instituição, como Presidência, Corregedoria e Magistratura, em questões que envolvam conhecimentos de Serviço Social e de Psicologia.

Importante registrar que ele foi criado por reivindicação dos profissionais de Serviço Social e Psicologia. Mobilização essa gestada e encaminhada pela AASPTJ-SP.

Em 2016, após a realização de um Projeto Piloto com a Comarca de Santos, o Núcleo propiciou a participação dos profissionais na Supervisão Profissional. Essa ocorreu em seis encontros, em salas separadas por área de conhecimento, ou seja, Serviço Social e Psicologia, podendo congregar profissionais de qualquer comarca ou área de trabalho forense — especial, família, criança e adolescente —, mediante prévias inscrição e publicação no *Diário Oficial*.

Outro espaço de aprimoramento profissional coloca-se por meio dos Grupos de Estudos que são realizados em encontro mensal, de março a dezembro, totalizando dez encontros que ocorrem durante o horário de trabalho, sendo o ponto biométrico dispensado para essa atividade, desde que a(o) servidora(or) tenha se inscrito dentro do prazo e sua inscrição tenha sido publicada no *Diário Oficial*.

Os grupos são formados por 10 a 25 servidores, prevê a construção de um trabalho final coletivo e a certificação ocorre mediante frequência em 75% dos encontros. Todos os grupos ocorrem na Capital, congregando o interesse de servidores advindos de outras Comarcas que podem ter suas passagens custeadas (Regulamento Interno dos Servidores do Tribunal de Justiça de São Paulo, artigo 128).

Em 2018, os temas dos Grupos de Estudos divulgados para inscrição foram: Adoção (dois grupos); Adolescentes em Conflito com a Lei; Casos Altamente Litigiosos em Varas de Família e Sucessões; Estudo Social; Família; Justiça Restaurativa; Serviço Social nas Varas de Família e Sucessões: particularidades e identidade profissional; Vara de Família e Violência Doméstica e Familiar. Cabe ressaltar que esses Grupos são coordenados por profissionais, comumente Assistentes Sociais e psicólogos do próprio Tribunal de Justiça, que não recebem ajuda de custo para coordenar essa atividade. Convidados eventuais que compareçam a essas atividades também não são remunerados pela instituição.

No decorrer do ano de 2017 ocorreu o Grupo de Trabalho INFRA/ Adolescente em conflito com a lei coordenado pelo Núcleo de Apoio Profissional de Serviço Social e Psicologia, conforme Provimento CG 06/2015. Foi formado por profissionais que atuam com adolescentes em conflito com a lei da capital e do interior do estado.

A proposta foi discutir a maneira como se atua com essa população e estabelecer diretrizes de intervenção. Os trabalhos, contudo, ocorreram com dificuldade quer pela baixa adesão dos profissionais que não estão diretamente ligados ao atendimento dos adolescentes em conflito com a lei ou pela própria dificuldade institucional de abarcar essa demanda pelo estigma que ela carrega.

Avalia-se como uma experiência positiva no que se refere ao contato com outras realidades e profissionais com perspectivas similares, mas pouco efetiva no que concerne a possibilidades de reorganização institucional no atendimento aos adolescentes em conflito com a lei.

Dessa forma, as novas Frentes de Trabalho se colocam como uma luta das(os) trabalhadoras(es) para fazerem valer suas competências profissionais nesse espaço sócio-ocupacional, ampliando as possibilidades de intervenção.

Reafirma-se como possibilidade de

se neutralizar a alienação da atividade para o sujeito que a realiza, embora não elimine a existência de processos de alienação que envolvem o trabalho assalariado. Este é experimentado como esforço e desgaste vital de energias para quem o realiza, uma vez que a força de trabalho é uma mercadoria inseparável da pessoa que trabalha. Apropriar-se da dimensão criadora do trabalho e da condição de sujeito, que interfere na direção social do seu trabalho, é uma luta a ser travada cotidianamente. (Iamamoto, 2005, p. 99)

3.5 Participação política e formas de resistência

A Equipe de Serviço Social tem se dedicado a articulações de natureza política a partir de atividades que não estão atreladas especificamente ao cotidiano de trabalho institucional. Compreende-se que essa dimensão é intrínseca ao trabalho técnico e ao compromisso ético-político profissional e tem se desenvolvido sob dois principais vieses: o técnico e o de reivindicação trabalhista.

Pelo viés técnico, destaca-se a articulação política entre as equipes da Promotoria Pública, representado pelo Núcleo de Assessoria Técnica Psicossocial da Infância e Juventude (NAT), da Defensoria Pública, representada pelo Centro de Atendimento Multidisciplinar (CAM) da regional Infância e Juventude da Defensoria Pública, e por parte da ETJ, conformando o grupo de ação coletiva denominado NAETCA.

A aproximação da ETJ ocorreu inicialmente com o CAM, que atende adolescentes com processos no FVEIJ, em razão da proximidade territorial e do trabalho, e, posteriormente, o NAT foi convidado a integrar as discussões. Discute-se tecnicamente o trabalho de cada Equipe, identificando obstáculos em comum e as incongruências das instituições que atuam junto aos adolescentes em conflito com a lei. Buscava-se encontrar um ponto de intersecção que levasse a um trabalho conjunto.

Nessa ocasião, a equipe do NAT foi transferida para um prédio sem condições de habitabilidade e o fato alcançou grande repercussão, inclusive na mídia, pelo seu despropósito. Para o NAETCA esse "despejo" simbolizou a indiferença das instituições do campo sócio-jurídico com o trabalho das Equipes Técnicas e, por isso, como reação, decidiu-se promover um evento para valorizar a atuação interdisciplinar e demarcar a importância do trabalho técnico nessas instituições.

O fruto dessa articulação se materializou em três eventos que ocorreram entre os anos de 2014 e 2015. Tratavam-se de palestras abertas ao público com convidados de reconhecido conhecimento na área e temas ligados ao trabalho das três instituições, percorrendo os seguintes temas e palestrantes: O Tempo de Privação de Liberdade e a Repetição do Ato Infracional, Fabiana Zapata, defensora pública; Interface do Serviço Social e Psicologia, Dalva Azevedo de Gois, assistente social e Rosário Ferreira, psicóloga; Saúde Mental e Adolescência, com Mires M. Cavalcanti (Prefeitura Municipal de São Paulo), Raul C. Ferreira, defensor público, Roberto Tardelli, ex-promotor público, Marco Magri (Conselho Regional de Psicologia) e Bianca Ribeiro (NAT).

É importante destacar que os eventos citados ocorreram no Auditório do FVEIJ, espaço que, no passado, foi muito utilizado pela ETJ, mas que ficou desativado até 2014. A reabertura do auditório simbolizou para a ETJ a capacidade de resistência que a equipe apresentava.

Apesar da sobrecarga de trabalho, entendia-se que era um espaço de aquisição de conhecimento, de troca de informações e de articulação entre trabalhos de objetivos comuns. Significava, sobretudo, a oportunidade de afirmar qual é a posição da ETJ em relação às questões que envolvem os adolescentes que cometem atos infracionais diante da rede de atendimento e também da instituição.

Em 2017 o Auditório foi definitivamente desmontado para abrigar parte dos Cartórios que estavam em reforma. A previsão é que esse espaço mantenha-se dessa forma e seja utilizado para receber outros Setores quando houver necessidade, tendo sido decretado aí, por ora, o fechamento do Auditório do FVEIJ.

Além dos eventos que ocorreram até 2015 aproximadamente, o NAETCA escreveu um artigo que foi contemplado com terceiro lugar no

III Prêmio Interdisciplinar da AASPTJ-SP (2016) e até 2017 havia realizado 40 encontros, divididos entre reuniões e representações em outros grupos independentes politicamente articulados na defesa de direitos da criança e do adolescente.

Considera-se a importância do Grupo por dois aspectos. O primeiro pela articulação de saberes e a junção das forças políticas entre as Equipes Técnicas do Sistema de Justiça, e, o segundo, pela garantia de direitos como prática política e social. Ambas com a perspectiva de produzir rupturas nos modos conservadores, cristalizados e naturalizados de se fazer Justiça.

Outro viés definido como Participação Política é o de caráter reivindicatório voltado para questões trabalhistas.

Considerando que o espaço estatal é uma arena de lutas de interesses contraditórios, atualmente as mobilizações políticas específicas das Equipes Técnicas estão direcionadas para duas pautas principais.

Na qualidade de "assessores", expressão preconizada no ECA, coloca-se a primeira luta: isonomia/equiparação ao salário de profissionais de nível superior (a exemplo dos advogados e assistentes jurídicos do Tribunal de Justiça, que também atuam como assessores), distinguindo-se das remunerações de nível médio como atualmente ocorre; afinal, o exercício dessas funções junto ao Tribunal de Justiça está atrelado à exigência da formação de nível superior.

Assim, há um movimento de equiparação com os cargos dos trabalhadores da área da saúde que atualmente recebem entre R$ 6.759,91, no cargo de enfermeiro judiciário, e R$ 7.313,30, no cargo de cirurgião-dentista e médico judiciário. Como se pode constatar, mesmo com o adiantamento de uma parte desse valor, conquista de 2017, tanto a(o) Assistente Social como a(o) Psicóloga(o) ainda recebem salários inferiores aos de outros profissionais de nível superior.

Enquanto em outros estados são levadas em consideração as especificidades dos profissionais de Serviço Social e de psicologia para fixação de remuneração, que se assemelha a de cargos comissionados, em São Paulo a defasagem salarial dessas categorias profissionais tem sido agravada com perdas significativas, acumuladas em quase 50%. O que anteriormente, em concurso de 1990, correspondia de 13 a 17 salários mínimos, a título de comparação, hoje não chega a sete, consolidando assim substancialmente a defasagem, sendo esta a segunda direção de luta: a perda, a desvalorização salarial dos servidores no Tribunal de Justiça de São Paulo.

A ETJ esteve presente em diversos movimentos grevistas dos servidores e embora essa adesão tenha sido parcial, a representatividade se consolida, pois, é referência no que diz respeito a assuntos trabalhistas no prédio do Brás.

É atuante na AASPTJ-SP, desde a sua criação. Entidade de organização que vem congregando Assistentes Sociais e Psicólogos do TJ-SP e tornou-se referência nos embates políticos e técnicos, demonstrando excelência nas discussões sobre as práticas profissionais, especialmente aquelas que ferem os Códigos de Ética profissionais. Tem sido interlocutora qualificada nas mesas de negociações trabalhistas. Mantém diálogo constante com toda a categoria, tornando-se representante legítima das reivindicações das(os) Assistentes Sociais e Psicólogas(os) do Poder Judiciário.

A ETJ possui também uma conselheira na diretoria do Sindicato dos Trabalhadores do Judiciário Estadual nas Cidades de Caieiras e São Paulo (SINDJESP).

Essas condições abordadas reafirmam o caráter conflitivo das relações de trabalho e os seus reconhecimentos podem impulsionar atitudes de resistência por parte das(os) trabalhadoras(res) na constituição de possíveis "pequenos espaços de autodeterminação e de intervenção no processo de trabalho". (Cattani, 1997, p. 29)

Assim, é fundamental recuperar a dimensão coletiva da luta, na transversalidade da classe trabalhadora que inclui as(os) Assistentes Sociais. Na sociedade de classes,

> é através dos arranjos institucionais, que podem ser negociados entre as partes ou impostos de uma parte sobre a outra, e dos acordos informais, que são feitas

as escolhas e as tomadas de decisões acerca do labor a ser realizado ("como" e "o que fazer", "quem fará" e "para quem"). Essas decisões são tomadas com base em relações de poder, que regulam e transformam o trabalho. (Liedke, 1997, p. 206 *apud* Cattani, 1997, p. 32)

Assim, torna-se fundamental evidenciar que é na capacidade de pressão dos trabalhadores e no potencial organizativo na luta pela defesa de demandas coletivas que se coloca a conexão entre a organização do processo de trabalho e a organização política.

Considerações finais

C ompor uma Coleção prioritariamente destinada àqueles que estão se formando e a pesquisadores dedicados à temática nos chama a responsabilidade para um conteúdo de fácil acesso. O Judiciário, a partir de sua organização rígida e hierarquizada, coloca-se por vezes muito distante daqueles que precisam acessá-lo. E dar visibilidade aos seus ritos e procedimentos, por vezes incompreensíveis e desafinados da realidade social, tornou-se um compromisso dessa produção.

O trabalho profissional no Poder Judiciário traz consigo a expectativa de efetivação dos direitos em razão da finalidade institucional ser a Justiça. Contudo fica evidente que a lei não é um dispositivo que se aplica automaticamente e que o universo da Justiça, formado por profissionais de diversos saberes, é sujeito a pressões políticas do jogo de forças das classes que conformam a organização do modo de produção capitalista.

O Direito, como parte da superestrutura dessa organização, é compreendido como "o conjunto de normas de conduta e de organização, constituindo uma unidade, e tendo por conteúdo a regulamentação das relações para a convivência e sobrevivência do grupo social" (Bobbio, 1997, p. 349) estabelece uma relação de interdependência com o Estado, sendo instrumento de sua ação política e, ao mesmo tempo, o seu regulador. Assim, as normas são mantidas pelo poder estatal e pela classe dominante para sancionar, regular e consolidar o seu domínio nas relações econômicas e sociais, como estudado no Capítulo1.

O Sistema de Justiça é, portanto, formado por diversas organizações que operacionalizam o Direito com a finalidade do controle social absorvendo tensões, limitando conflitos e reduzindo as incertezas do poder político (Faria,1997). Dessa forma, mantendo o controle burguês da sociedade, na tentativa de distanciar a perda de poder, individualiza o trato destinado às expressões da questão social vivenciadas pelos sujeitos, ocultando os prejuízos das relações sociais estabelecidas, engendrando a despolitização de classe e judicializando demandas sociais e coletivas.

As diversas expressões da questão social apontam a necessidade do trabalho da(o) Assistente Social que para alcançar a particularidade precisa conhecer a realidade concreta, os processos de produção e reprodução das relações sociais e como esses são vivenciados pelos sujeitos que são políticos e sociais.

Através de seus conhecimentos e habilidades e em uma relação de relativa autonomia (como qualquer outro trabalhador assalariado) com a instituição empregadora (Iamamoto, 2005), a(o) Assistente Social atua sobre a força de trabalho por meio de políticas e/ou serviços sociais no sentido da sobrevivência social e material da classe trabalhadora. E essa atuação se particulariza em cada espaço sócio-ocupacional ocupado pelas(os) Assistentes Sociais.

Dessa forma, o capítulo 2 realizou o percurso histórico e legal que contextualiza a relação entre a atuação profissional no espaço do Judiciário, que se inicia na década de 40, aos próprios fundamentos da profissão, alcançando o tratamento teórico e interventivo destinado aos hoje reconhecidos adolescentes em conflito com a lei.

O resgate histórico e a apresentação de alguns indicadores sociais são um convite para conhecer o "retrato" desses adolescentes no Brasil. E posteriormente, no estado de São Paulo.

As análises demonstram a vulnerabilidade e o descaso a que estão submetidos, situação que se perpetua há gerações e parece não sensibilizar autoridades e/ou a opinião pública de forma geral, ainda que diversos movimentos sociais se debrucem incansavelmente sobre essa temática em prol da ampliação e garantia de direitos desse segmento da população.

Especificamente no que diz respeito aos adolescentes em conflito com a lei, em todo o país, prevalecem os atos contra o patrimônio e tráfico de drogas. São baixos os níveis de escolaridade e o acesso a serviços públicos, caracterizando um quadro de reduzida mobilidade social e um perverso ciclo de desproteção, criminalização e privação e/ou restrição de liberdade.

A criminalização da pobreza pela vigência de um *Estado penal* faz parte de uma opção econômica cuja lógica pressupõe a mínima intervenção estatal destinando tratamento repressivo e discriminatório às expressões de insubmissão a essa ordem. Isso se alinha ao imaginário social de alta periculosidade que estabelece uma relação direta entre pobreza e criminalidade na tentativa de justificar tal tratamento.

Assim, a despeito da enunciada mudança de paradigma proclamada pelo ECA que vem para superar o trato criminalizante dispensado historicamente aos adolescentes que cometem atos infracionais, verifica-se uma lacuna entre o Legislativo, o Executivo e o Judiciário, apontando que ainda se coloca um longo percurso para o alinhamento garantista previsto. Há aí um lapso que distancia as conquistas legais dos aparatos institucionais que tratam diretamente essa demanda.

Reafirmando essa direção, a fragmentação advinda do tempo processual do Judiciário colabora para que os sujeitos percebam suas demandas de forma individualizada, exigindo que as(aos) Assistentes Sociais compreendam os processos de trabalho nos quais se inserem, questão estudada no decorrer do terceiro capítulo.

Coloca-se a necessidade de se manterem críticos e atentos à dimensão investigativa da profissão, compreendendo que a intervenção profissional tem também como finalidade a produção de conhecimentos que denunciem a complexidade que a questão jurídica oculta. Mediação que transforma a demanda institucional/jurídica em demanda social, na qual o ato infracional é a superfície aparente de um quadro de profunda desigualdade social e de reiteradas violações de direitos ocorridas anteriormente.

Na relação que se estabelece com o usuário, a(o) Assistente Social tem acesso a um universo singular, tornando-se, na estrutura judiciária, inter-locutora(r) privilegiada(o) da população, relação essa que tem reafirmado o seu papel profissional nessa instituição. E a partir disto, alguns desafios se colocam no cotidiano de trabalho.

Inicialmente é preciso considerar que a subordinação administrativa não anula a autonomia técnica. A competência crítica, como afirma Iamamoto (2010), permite confrontar o caráter conservador e policialesco da instituição tomando posicionamentos favoráveis no sentido da efetivação dos princípios éticos da profissão.

É imprescindível que a(o) Assistente Social se mantenha direcionada(o) para a garantia de direitos dos usuários e que fique atenta(o) para não repro-duzir com o seu trabalho o caráter coercitivo e moralizador da instituição que se dirige ao disciplinamento e a regulação social.

Portanto, se coloca necessário resistir à tensão e à alienação que a rotina cotidiana de trabalho proporciona, vislumbrando possibilidades de articula-ção com lutas coletivas e frentes de trabalho diferenciadas, tendo em vista a complexidade das expressões da questão social vivenciadas pelos usuários.

É preciso compreender que dominar os instrumentos e técnicas do Serviço Social não garante por si só a competência profissional. Aliados a esse aspecto, encontram-se os conteúdos históricos, teórico-metodológicos e ético-políticos que constituem os fundamentos do projeto profissional e que distinguirão o trabalho profissional competente. É preciso estar atento ao poder que o saber profissional traduz, de maneira que este seja usado a favor da garantia de direitos dos usuários.

É fundamental trabalhar na produção de instrumentais analíticos e não apenas descritivos, subsidiando as decisões judiciais de forma consistente, pois é a partir destes que se traduz para o Juiz a contribuição que o Serviço Social pode oferecer nas situações em que foi convocado a atuar.

A luta por melhores condições de trabalho é imprescindível, de forma que as(os) trabalhadoras(es) voltem-se também para a identificação da sua realidade cotidiana e não somente para a do usuário. Caminho que se coloca para tencionar as prescrições institucionais que refratam diretamente na qualidade do trabalho profissional, atentando aos desgastes físicos e emocionais que este pode proporcionar, ocupando e reivindicando espaços coletivos de atenção e ação.

Em suma, a resistência no cotidiano de trabalho e a articulação através de engajamento político podem colocar as(os) Assistentes Sociais como um dos sujeitos que colaboraram na desestabilização da cultura jurídica, tão distanciada das particularidades vividas pelos usuários.

Leituras afins

FEFFERMANN, Marisa. *Vidas arriscadas — O cotidiano dos jovens trabalhadores do tráfico.* Petrópolis: Vozes, 2006.

GODOI, Rafael. *Fluxo em cadeia:* as prisões em São Paulo na virada dos tempos. São Paulo: Boitempo, 2017.

MALLART, Fábio. *Cadeias dominadas.* São Paulo: Terceiro Nome, 2014.

MENDES, Luiz Alberto. *Memórias de um sobrevivente.* São Paulo: Companhia das Letras, 2009.

SILVA, Givanildo Manoel da (Org.). *Quebrando as grades, liberdade incondicional.* São Paulo: SEFRAS, Tribunal Popular e AMPARAR, 2017.

Filmografia sobre adolescentes

AS MELHORES COISAS DO MUNDO. Direção: Laís Bodanzky. Brasil, 2010. 100 minutos.

AS VANTAGENS DE SER INVISÍVEL. Direção: Stephen Chbosky. Estados Unidos, 2012. 102 minutos.

CIDADE DE DEUS. Direção: Fernando Meirelles e Kátia Lund. Brasil, 2002. 130 minutos.

CIDADE DOS HOMENS. Direção: Fernando Meirelles e Kátia Lund. Brasil, 2007. 113 minutos.

5 x FAVELA — AGORA POR NÓS MESMOS. Direção: Manaíra Carneiro, Wagner Novais, Rodrigo Felha, Cacau Amaral, Luciano Vidigar, Cadu Barcellos. Brasil, 2010. 103 minutos.

CLUBE DOS CINCO. Direção: John Hughes. Estados Unidos, 1985. 97 minutos.

DE MENOR. Direção: Caru Alves de Souza. Brasil, 2017. 77 minutos.

DIÁRIO DE UM ADOLESCENTE. Direção: Scott Kalvert. Estados Unidos, 1995. 102 minutos.

EDUKATORS. Direção: Hans Weingartner. Áustria, 2004. 127 minutos.

INFÂNCIA ROUBADA. Direção: Gavin Hood. África do Sul, 2005. 94 minutos.

JUSTIÇA. Direção: Maria Augusta Ramos. Brasil, 2004. 107 minutos. Disponível em: <https://www.youtube.com/watch?v=qUWZHNWcj7U.> Acesso em: 12 fev. 2018.

JUIZO. Direção: Maria Augusta Ramos. Brasil, 2007. 91 minutos. Disponível em: <https://www.youtube.com/watch?v=UymNRVuilnA&t=83s>. Acesso em: 12 fev. 2018.

OS INCOMPREENDIDOS. Direção: François Truffaut. França, 1959. 99 minutos.

O CONTADOR DE HISTÓRIAS. Direção: Luiz Villaça. Brasil, 2009. 152 minutos.

PARANOID PARK. Direção: Gus Van Sant. França, 2007. 85 minutos.

PIXOTE, A LEI DO MAIS FRACO. Direção: Hector Babenco. Brasil, 1980. 128 minutos.

SEM PENA. Direção: Eugênio Puppo. Brasil, 2014. 87 minutos.

ÚLTIMA PARADA 174. Direção: Bruno Barreto. Brasil, 2008. 110 minutos.

VIDAS SEM RUMO. Direção: Francis Ford Coppola. Estados Unidos, 1983. 91 minutos.

ZONA DO CRIME. Direção: Rodrigo Plá. Espanha, 2007. 97 minutos.

Referências

ALAPANIAN, Silvia. *Serviço Social e o Poder Judiciário:* reflexões sobre o direito e o Poder Judiciário. v. 1. São Paulo: Veras, 2008.

ALMEIDA, Ney Luiz Teixeira de; ALENCAR, Mônica Maria Torres de. *Serviço Social, trabalho e políticas públicas.* São Paulo: Saraiva, 2011.

AZEVEDO, Fernanda Caldas de. O trabalho das Assistentes Sociais no Fórum das Varas Especiais da Infância e Juventude do estado de São Paulo: tempo de trabalho, intensificação e precarização. Tese (Doutorado em Serviço Social) — Programa de Estudos Pós-Graduados em Serviço Social, Pontifícia Universidade Católica de São Paulo, São Paulo, 2017.

BAPTISTA, Myrian Veras. A produção do conhecimento social contemporâneo e sua ênfase no serviço social. *Cadernos ABESS*, n. 5, São Paulo: Cortez, 1992.

BARROCO, Maria Lúcia Silva. *Ética e Serviço Social:* fundamentos ontológicos. São Paulo: Cortez, 2001.

BOBBIO, Norberto. *O positivismo jurídico:* lições de filosofia do direito. São Paulo: Ícone, 1997.

BORGIANNI, Elisabete. Para entender o Serviço Social na área sociojurídica. *Serviço Social e Sociedade*, n. 115, p. 407-442, jul./set. 2013.

BOSCHETTI, Ivanete. América Latina, política social e pobreza: "novo" modelo de desenvolvimento? In: SALVADOR, Evilásio *et al.* (Orgs.). *Financeirização, fundo público e política social.* São Paulo: Cortez, 2012. p. 31-58.

BOTTOMORE, Tom. *Dicionário do pensamento marxista.* Rio de Janeiro: Zahar, 2001.

BRASIL. Emenda Constitucional n. 45, de 30 de dezembro de 2004. Altera dispositivos dos arts. 5º, 36, 52, 92, 93, 95, 98, 99, 102, 103, 104, 105, 107, 109, 111, 112, 114, 115, 125, 126, 127, 128, 129, 134 e 168 da Constituição Federal, e acrescenta os arts. 103-A, 103B, 111-A e 130-A, e dá outras providências. Disponível em: <http://www.planalto.gov.br/ccivil_03/constituicao/emendas/emc/emc45. htm>. Acesso em: 12 mar. 2017.

_____. *Constituição da República Federativa do Brasil de 1988.* Disponível em: <http:// www.planalto.gov.br/ccivil_03/constituicao/constituicaocompilado.htm>. Acesso em: 7 abr. 2017.

_____. Decreto n. 8.074, de 14 de agosto de 2013. Institui o Comitê Interministerial da Política de Juventude e dá outras providências. Disponível em: <http://www. planalto.gov.br/ccivil_03/_Ato20112014/2013/Decreto/D8074.htm>. Acesso em: jun. 2017.

_____. Lei n. 6.697, de 10 de outubro de 1979. Institui o Código de Menores. Disponível em: <http://www.planalto.gov.br/ccivil_03/leis/1970-1979/L6697. htm>. Acesso em: jun. 2017.

_____. Lei n. 8.069, de 13 de julho de 1990. Dispõe sobre o Estatuto da Criança e do Adolescente e dá outras providências. Disponível em: <http://www.planalto. gov.br/ccivil_03/leis/L8069Compilado.htm>. Acesso em: jun. 2017.

_____. Lei n. 8.242, de 12 de outubro de 1991. Cria o Conselho Nacional dos Direitos da Criança e do Adolescente (Conanda) e dá outras providências. Disponível em: <http://www.planalto.gov.br/ccivil_03/leis/L8242.htm>. Acesso em: jun. 2017.

_____. Lei n. 11.129, de 30 de junho de 2005. Institui o Programa Nacional de Inclusão de Jovens (ProJovem), cria o Conselho Nacional da Juventude (CNJ) e a Secretaria Nacional de Juventude, altera as Leis n. 10.683, de 28 de maio de 2003, e n. 10.429, de 24 de abril de 2002, e dá outras providências. Disponível em:

<http://www.planalto.gov.br/ccivil_03/_ato2004-2006/2005/lei/l11129.htm>. Acesso em: jun. 2017.

_____. Lei n. 12.594, de 18 de janeiro de 2012. Institui o Sistema Nacional de Atendimento Socioeducativo (SINASE), regulamenta a execução das medidas socioeducativas destinadas a adolescente que pratique ato infracional e altera diversas leis. Disponível em: <http://www.planalto.gov.br/ccivil_03/_ato2011- 2014/2012/lei/l12594.htm>. Acesso em: 19 jun. 2017.

_____. Lei n. 12.696, de 25 de julho de 2012. Altera os arts. 132, 134, 135 e 139 da Lei n. 8.069, de 13 de julho de 1990 (Estatuto da Criança e do Adolescente), para dispor sobre os Conselhos Tutelares. Disponível em: <http://www.planalto. gov.br/ccivil_03/_ato2011-2014/2012/lei/l12696.htm>. Acesso em: jun. 2017.

_____. Lei n. 12.852, de 5 de agosto de 2013. Institui o Estatuto da Juventude e dispõe sobre os direitos dos jovens, os princípios e diretrizes das políticas públicas de juventude e o Sistema Nacional de Juventude (Sinajuve). Disponível em: <http:// www.planalto.gov.br/ccivil_03/_ato20112014/2013/lei/l12852.htm>. Acesso em: jun. 2017.

_____. Lei n. 12.962, de 8 de abril de 2014. Altera a Lei n. 8.069, de 13 de julho de 1990 (Estatuto da Criança e do Adolescente), para assegurar a convivência da criança e do adolescente com os pais privados de liberdade. Disponível em: <http:// www.planalto.gov.br/ccivil_03/_ato2011-2014/2014/lei/L12962.htm>. Acesso em: jun. 2017.

_____. Lei n. 13.010, de 26 de junho de 2014. Altera a Lei n. 8.069, de 13 de julho de 1990 (Estatuto da Criança e do Adolescente), para estabelecer o direito da criança e do adolescente de serem educados e cuidados sem o uso de castigos físicos ou de tratamento cruel ou degradante, e altera a Lei n. 9.394, de 20 de dezembro de 1996. Disponível em: <http://www.planalto.gov.br/ccivil_03/_Ato2011-2014/2014/Lei/L13010.htm>. Acesso em: jun. 2017.

_____. Levantamento Anual SINASE 2014. Brasília: Secretaria Nacional dos Direitos Humanos da Criança e do Adolescente do Ministério dos Direitos Humanos, 2017. Disponível em: <http://www.sdh.gov.br/noticias/pdf/levantamento-sinase-2014>. Acesso em: 3 jan. 2018.

BRAZ, Marcelo. Notas sobre o Projeto Ético-Político do Serviço Social. In: CRESS (Conselho Regional de Serviço Social). *Assistente Social:* ética e direitos: coletânea de leis e resoluções. 3. ed. Rio de Janeiro, CRESS/7ª Região, 2001. p. 78-85.

CARDOSO, Ana Cláudia Moreira. Organização e intensificação do tempo de trabalho. *Sociedade e Estado.* Brasília: Departamento de Sociologia da Universidade de Brasília, v. 28, n. 2, p. 351-374, maio-ago. 2013.

CARDOSO, Priscila Fernanda Gonçalves. *Ética e projetos profissionais:* os diferentes caminhos do Serviço Social no Brasil. Campinas: Papel Social, 2013.

CATTANI, Antonio David. *Trabalho e tecnologia:* dicionário crítico. Petrópolis: Vozes, 1997.

CERQUEIRA, Daniel et al. Atlas da Violência 2018. Rio de Janeiro: IPEA — Fórum Brasileiro de Segurança Pública, 2018. Disponível em: <http://www.ipea. gov.br/portal/images/stories/PDFs/relatorio_institucional/180604_atlas_da_ violencia_2018.pdf>. Acesso em: 10 jun. 2018.

CFESS (Conselho Federal de Serviço Social). *Atuação de Assistentes Sociais no sociojurídico:* subsídios para a reflexão. Brasília: CFESS, 2014.

_____. Serviço Social a caminho do século XXI: o protagonismo ético-político do conjunto CFESS-CRESS. *Serviço Social & Sociedade*, n. 50, p. 172-190, 1996.

COLMÁN, Silvia Alapanian. *A formação do serviço social no Poder Judiciário:* reflexões sobre o direito, o Poder Judiciário e a intervenção do Serviço Social no Tribunal de Justiça do Estado de São Paulo (1948-1988). Tese (Doutorado em Serviço Social) — Programa de Estudos Pós-Graduados em Serviço Social, Pontifícia Universidade Católica de São Paulo, São Paulo, 2004.

COSTA, Antonio Carlos Gomes da. *Por uma política nacional de execução das medidas socioeducativas:* conceitos e princípios norteadores. Brasília: Secretaria Especial dos Direitos Humanos, Ministério da Justiça, 2006.

DAL ROSSO, Sadi. Teoria do valor e trabalho produtivo no setor de serviços. *Caderno CRH*, Salvador, v. 27, n. 70, p. 75-89, jan./abr. 2014.

DELIA, Agda; SELIGMANN-SILVA, Edith. *Trabalho e saúde no Tribunal de Justiça de São Paulo:* repercussões na vida e saúde de seus trabalhadores. Relatório final da pesquisa. São Paulo: AASPTJ-SP, Affocos, Assojubs, Assojuris, 2014.

DIAS, Rute Borges. *Trajetória percorrida pelo adolescente no cumprimento da medida socioeducativa de internação.* Dissertação (Mestrado em Serviço Social) — Programa de Estudos Pós-Graduados em Serviço Social, Pontifícia Universidade Católica de São Paulo, São Paulo, 2000.

FARIA, José Eduardo (Org.). *Direito e justiça:* a função social do Judiciário. São Paulo: Ética, 1997.

FÁVERO, Eunice. O estudo social: fundamentos e particularidades de sua construção na área judiciária. In: CFESS (Org.). *O estudo social em perícias, laudos e pareceres técnicos:* debates atuais no Judiciário, no Penitenciário e na Previdência Social. São Paulo: Cortez, 2011.

_____. Serviço Social no campo sócio-jurídico: possibilidades e desafios na consolidação do projeto ético-político profissional. II SEMINÁRIO NACIONAL. O Serviço Social no campo sócio-jurídico na perspectiva da concretização de direitos. Brasília: CFESS, 2012.

_____. O Serviço Social no Judiciário: construções e desafios com base na realidade paulista. *Serviço Social & Sociedade*, n. 115, p. 508-526, jul./set. 2013.

_____. Serviço Social, práticas judiciárias, poder: implantação e implementação do Serviço Social no Juizado de Menores de São Paulo. In: BAPTISTA, Myrian Veras; BATTINI, Odária (Orgs.). *A prática profissional do assistente social:* teoria, ação, construção de conhecimento. 2. ed. São Paulo: Veras, 2014.

FÁVERO, Eunice Terezinha; MELÃO, Magda Jorge Ribeiro; JORGE, Maria Rachel Tolosa. *O Serviço Social e a psicologia no Judiciário:* construindo saberes, conquistando direitos. São Paulo: Cortez, 2008.

FRANCO, Tânia; DRUCK, Graça; SELIGMANN-SILVA, Edith. As novas relações de trabalho, o desgaste mental do trabalho e os transtornos mentais no trabalho precarizado. *Revista Brasileira de Saúde Ocupacional*, São Paulo, Fundação Jorge Duprat Figueiredo de Segurança e Medicina do Trabalho, v. 35, n. 122, p. 229-248. 2010.

FRASSETO, Flávio. *Avaliação psicológica em adolescentes privados de liberdade*: uma crítica à execução da medida de internação. Dissertação (Mestrado em Psicologia), Instituto de Psicologia, Universidade de São Paulo, São Paulo, 2005.

GOVERNO DO ESTADO DE SÃO PAULO. Portaria Normativa n. 224/2012. Dispõe sobre o Regimento Interno da Fundação CASA. Disponível em: <http://www.fundacaocasa.sp.gov.br/up.ashx?f=pdf/Regimento_Interno.pdf&t=file>. Acesso em: 27 jan. 2018.

GRUPPI, Luciano. *Tudo começou com Maquiavel:* as concepções de Estado em Marx, Engels, Lênin e Gramsci. Porto Alegre: L&PM, 1996.

GUERRA, Yolanda. O conhecimento crítico na reconstrução das demandas profissionais contemporâneas. In: BAPTISTA, Myrian Veras; BATTINI, Odária (Orgs.). *A prática profissional do assistente social*: teoria, ação, construção de conhecimento. 2. ed. São Paulo: Veras, 2014.

HELLER, Agnes. O cotidiano e a história. Rio de Janeiro: Paz e Terra, 1972.

IAMAMOTO, Marilda Vilela. *O Serviço Social em tempo de capital fetiche:* capital financeiro, trabalho e questão social. São Paulo: Cortez, 2011.

_____. Questão social, família e juventude: desafios do trabalho do assistente social na área sociojurídica. In: SALES, M. A.; MATOS, M. C.; LEAL, M. C. (Orgs.). *Política social, família e juventude*. São Paulo: Cortez, 2010.

_____. A questão social no capitalismo. *Revista Temporalis*, n. 3, Brasília: Abepss, 2001.

_____. *O Serviço Social na contemporaneidade:* trabalho e formação profissional. São Paulo: Cortez, 2005.

_____. O Serviço Social na cena contemporânea. In: CFESS/ABEPSS. *Serviço Social*: direitos sociais e competências profissionais. Brasília: CFESS, ABEPSS, CEAD/UnB, 2009.

_____. Mundialização do capital, "questão social" e Serviço Social no Brasil. *Em Pauta*, Faculdade de Serviço Social da Universidade do Estado do Rio de Janeiro, n. 21, p. 117-139, 2008.

IAMAMOTO, Marilda; CARVALHO, Raul de. *Relações sociais e Serviço Social no Brasil.* São Paulo: Cortez, 2004.

IBGE. *Censo 2010.* Disponível em: <https://censo2010.ibge.gov.br/>. Acesso em: 25 jan. 2018.

_____. *Projeção da População (2013).* Disponível em: <http://www.ibge.gov.br/home/estatistica/populacao/projecao_da_populacao/2013>. Acesso em: 5 fev. 2018.

LESSA, Sergio. O processo de produção/reprodução social: trabalho e sociabilidade. In: CEAD. *Cadernos de capacitação em Serviço Social e política social.* Módulo 2. Brasília: Cead/Unb, 1999. p. 19-33.

MAGALHÃES, Selma Marques. *Avaliação e linguagem:* relatório, laudos e pareceres. São Paulo: Veras, 2011.

MARTINELLI, Maria Lúcia. Política Nacional de Assistência Social. *Revista Serviço Social e Sociedade.* n. 80. São Paulo: Cortez, 2004.

_____. Reflexões sobre o Serviço Social e o Projeto Ético-Político. *Revista Emancipação,* Ponta Grossa, Departamento de Serviço Social e Programa de Pós-Graduação em Ciências Sociais Aplicadas da Universidade Estadual de Ponta Grossa, v. 6, n. 1, p. 9-23, 2006.

MARX, Karl. *O Capital:* crítica da economia política. Livro I. São Paulo: Civilização Brasileira, 2001.

_____. *Crítica da Filosofia do Direito de Hegel.* São Paulo: Boitempo, 2010.

_____. Capítulo VI: Inédito de *O Capital* [1818-1883]. São Paulo: Centauro, 2004.

_____. *Crítica do Programa de Gotha.* São Paulo: Boitempo, 2012.

MELO, Doriam Luis Borges de; CANO, Ignácio (Orgs.). *Índice de Homicídios na Adolescência:* IHA (2014). Rio de Janeiro: Observatório de Favelas, 2017.

MENDES, Gilmar Ferreira; BRANCO, Paulo Gustavo Gonet. *Curso de direito constitucional.* São Paulo: Saraiva, 2015.

MINISTÉRIO DA JUSTIÇA APONTA três principais problemas do Judiciário. *CNJ* — *Conselho Nacional de Justiça* [on-line], Brasília, Ministério da Justiça, 17 fev. 2014. Disponível em: <http://www.cnj.jus.br/noticias/cnj/61341-ministerio-da-justica-apontatres-principais-problemas-do-judiciario>. Acesso em: 12 mar. 2017.

MIOTO, Regina Célia Tamaso. Perícia social: proposta de um percurso operativo. *Revista Serviço Social e Sociedade*, São Paulo, Cortez, v. 22, n. 67, 2001.

MOSQUEIRA, Sashenka Meza. *A demanda por avaliação psicológica de adolescentes infratores*: reflexões a partir da narrativa de atores da justiça juvenil e de psicólogos da equipe técnica do juízo. Tese (Doutorado em Psicologia), Instituto de Psicologia, Universidade de São Paulo, São Paulo, 2013.

MOTA, Dinha Maria Nilda de C. *Zero a zero*: 15 poemas contra o genocídio da população negra. São Paulo: Edições Me Parió Revolução, 2015.

NETTO, José Paulo. FHC e a política social: um desastre para as massas trabalhadoras. In: LESBAUPIN, Ivo (Org.). *O desmonte da nação*. Petrópolis: Vozes, 1999. p. 75-89.

_____. *Capitalismo monopolista e Serviço Social*. 3. ed. ampl. São Paulo: Cortez, 2001.

_____. Introdução ao método da teoria social. In: CFESS (Conselho Federal de Serviço Social)/ABPESS (Associação Brasileira de Ensino e Pesquisa em Serviço Social). *Serviço Social:* direitos sociais e competências profissionais. Brasília: CFESS, ABEPSS, CEAD/UnB, 2009, p. 667-700.

NETTO, José Paulo; BRAZ, Marcelo. *Economia política*: uma introdução crítica. São Paulo: Cortez, 2007.

NOGUEIRA, José Marcelo Maia; GÓIS, Leonel de Oliveira Lima; PACHECO, Regina Silvia Viotto Monteiro. A gestão do Poder Judiciário: uma análise do sistema de mensuração de desempenho do Judiciário brasileiro. In: CONGRESSO CONSAD DE GESTÃO PÚBLICA, III, 15-17 mar. 2010, Brasília. *Anais...* Brasília: Conselho Nacional de Secretários de Estado da Administração (Consad), 2010. Disponível em: <http://www.escoladegestao.pr.gov.br/arquivos/File/Material_%20 CONSAD/paineis_III_congresso_consad/painel_34/uma_analise_sob_o_enfoque_rerencial_dos_indicadores_do_relatorio_justica_em_numeros.pdf>. Acesso em: abril 2017.

PACHUKANIS, Evgene. *A teoria geral do direito e o marxismo*. Rio de Janeiro: Renovar, 1989.

PEREIRA, Francisco. *Karl Marx e o direito*: elementos para uma crítica marxista do direito. Salvador: Le Marx, 2015.

PEREIRA JUNIOR, Almir. Um país que mascara seu rosto. In: PEREIRA JUNIOR, Almir. *Os impasses da cidadania:* infância e adolescência no Brasil. Rio de Janeiro: Ibase, 1992. p. 13-35.

SABATOVSKI, Emilio; FONTOURA, Iara P.; FOLMANN, Melissa. *Normas de Serviço*: Corregedoria Geral da Justiça do estado de São Paulo — Ofícios de Justiça, Cartórios Extrajudiciais. Tomo I e Tomo II. São Paulo: Tribunal de Justiça, 2013.

SANTOS, Josiane Soares. *Particularidades da "questão social" no capitalismo brasileiro.* Tese (Doutorado em Serviço Social) — Escola de Serviço Social, Universidade Federal do Rio de Janeiro, Rio de Janeiro, 2008.

SARTORI, Vitor Bartoletti. *Lukács e a crítica ontológica do direito*. São Paulo: Cortez, 2010.

SCHMIDT, Fabiana. *Adolescentes privados de liberdade*: a dialética dos direitos conquistados e violados. Curitiba: Juruá, 2011.

SILVA, Enid Rocha Andrade da; OLIVEIRA, Raissa Menezes de. *Nota Técnica* — O adolescente em conflito com a lei e o debate sobre a redução da maioridade penal: esclarecimentos necessários. Brasília: IPEA, 2015. Disponível em: <http://www.ipea. gov.br/portal/images/stories/PDFs/nota_tecnica/150616_nt_maioridade_penal. pdf>. Acesso em: 27 jan. 2018.

SOUZA, Irles de; ANAF, Claudia; SILVA, Márcia Rejane Oliveira de Mesquita. Projeto Iluminar Juvenil — uma experiência interdisciplinar com adolescentes em conflito com a lei. In: BERNARDI, Dayse Cesar Franco et al. (Orgs.). *Infância, juventude e família na Justiça:* ações interdisciplinares e soluções compartilhadas na resolução de conflitos. São Paulo: Editora Papel Social, Associação dos Assistentes Sociais e Psicólogos do Tribunal de Justiça de São Paulo, 2013.

TEIXEIRA, Maria de Lourdes Trassi. A história da FEBEM-SP: uma perspectiva e um recorte. AASPTJ-SP [portal], São Paulo, Associação dos Assistentes Sociais e Psicólogos do Tribunal de Justiça-SP, 15 mar. 2010. Disponível em: <http: // www.aasptjsp.org.br/artigo/hist.%C3%B3ria-da-febem-sp-uma-perspectiva-e-um-recorte>. Acesso em: 9 jul. 2016.

TERRA, Cilene Silvia. *A prática profissional das(os) assistentes sociais no Fórum das Varas Especiais da Infância e Juventude da cidade de São Paulo*: o cotidiano e o seu significado. Dissertação (Mestrado em Serviço Social) — Programa de Estudos Pós-Graduados em Serviço Social, Pontifícia Universidade Católica de São Paulo, São Paulo, 2016.

TERRA, Cilene Silvia; RODRIGUES, Maria Raimunda Chagas Vargas. Justiça e educação: a interface entre o projeto ético-político e a atuação do Assistente Social na Justiça Restaurativa. *SER SOCIAL*, Brasília: UnB, v. 14, n. 30, p. 76-97, jan./jun. 2012.

VOLPI, Mario. *O adolescente e o ato infracional*. São Paulo: Cortez, 2005.

WACQUANT, Loïc. *As prisões da miséria*. Tradução de André Telles. Rio de Janeiro: Jorge Zahar, 2001.

WAISELFISZ, J. J. *Mapa da Violência 2015*: Adolescentes de 16 e 17 anos no Brasil. Rio de Janeiro, FLACSO, 2015. Disponível em: < http://www.mapadaviolencia.org.br/pdf2015/mapaViolencia2015_adolescentes.pdf> Acesso em: 13 jan. 2017.

WANDELLI, Leonardo Vieira. A efetividade do processo sob o impacto das políticas de gestão judiciária e do novo CPC. In: BRANDÃO, Claudio; MELLET, Estêvão. *Processo de trabalho*. Salvador: Juspodivm, 2015, p. 55-84.

WANDERLEY, M. B. Refletindo sobre a noção de exclusão. In: SAWAIA, Bader; SADER, Emir (Orgs.). *As artimanhas da exclusão*: análise psicossocial e ética da desigualdade social. Rio de janeiro: Vozes, 2008.

YAZBEK, Maria Carmelita. Pobreza e exclusão: expressões da questão social no Brasil. *Revista Temporalis*, n. 3, Brasília: ABEPSS, 2001.

DIVERSIDADE SEXUAL E DE GÊNERO E O SERVIÇO SOCIAL NO SOCIOJURÍDICO

Guilherme Gomes Ferreira

1ª edição (2018) 160 páginas
ISBN 978-85-249-2628-0

A obra pretende preencher a lacuna que tem sido mantida em relação às demandas sociais, cuja temática da diversidade sexual e de gênero aparece no interior das organizações de natureza sociojurídica, apontando para reflexões de caráter ético-político, teórico-metodológico e técnico-operativo baseadas em estudos de caso, em narrativas orais, em análises de conjuntura e em exercícios práticos.

SERVIÇO SOCIAL NA DEFENSORIA PÚBLICA
potências e resistências

Luiza Aparecida de Barros

1ª edição (2018) 144 páginas
ISBN 978-85-249-2639-6

A obra presenteia os profissionais do Sociojurídico, sobretudo os da Defensoria Pública. Parte de sua experiência de autora na Defensoria de São Paulo para discutir o acesso à Justiça e o fenômeno da judicialização da questão social. Com habilidade, desvenda as idiossincrasias dessa instituição, incumbida do acesso à Justiça aos segmentos mais vulneráveis e invisibilizados.

coleção

lançamento **Temas Sociojurídicos**

MENINAS E TERRITÓRIO
criminalização da pobreza e seletividade jurídica

Joana das Flores Duarte

1ª edição (2018)
144 páginas
ISBN 978-85-249-2705-8

Este livro traz ao público um estudo sobre jovens do sexo feminino, no mercado informal e ilícito de drogas, como uma nova expressão do desmantelamento do Estado Social, denunciando as expressões da penalidade neoliberal e o seu fortalecimento nos territórios pobres. As vozes dessas jovens publicizam como a sociedade e o Estado brasileiro compelem a massa empobrecida a ocupar os piores postos de trabalho, contrastando passado e presente, riqueza e pobreza como fenômenos intrínsecos.

A obra tem como público-alvo profissionais e estudantes atuantes na área sociojurídica, mas é também indispensável aos interessados em desvendar as contradições da realidade quanto à garantia do direito humano à proteção social.